CONSIDÉRATIONS

DES BEAUX-ARTS

J. Cixe, Imprimeur
St Benoit, 7, à Paris

CONSIDÉRATIONS

SUR LE BUT MORAL

DES BEAUX-ARTS

PAR

AUGUSTE COUDER

PEINTRE D'HISTOIRE, MEMBRE DE L'INSTITUT

> *La poésie est une peinture parlante,*
> *comme la peinture est une poésie*
> *muette.*
>
> SIMONIDE.

PARIS

Vve RENOUARD, ÉDITEUR

6 — RUE DE TOURNON — 6

1867

AVANT-PROPOS

En livrant au public ce recueil de réflexions qui résultent de l'étude d'un art auquel j'ai consacré ma longue carrière, j'espère que de jeunes lecteurs y trouveront quelques pages dignes de fixer leur attention ; si elles leur sont profitables, j'aurai atteint le but que je me propose.

A. C.

I

OBSERVATIONS GÉNÉRALES

DES
BEAUX-ARTS

I

OBSERVATIONS GÉNÉRALES

Les Beaux-Arts ouvrent un vaste champ au développement des facultés innées d'imitation & d'idéal, dont l'homme a été doué par le Créateur. Dès lors le génie remonte au principe même de toutes les beautés que renferme la nature, source éternelle d'inspiration.

En conséquence de l'unité de ce principe, s'établissent les lois du beau & les divers modes qui ressortent de son essence : la poésie, l'éloquence, la musique, la danse & la pantomime, la peinture, la statuaire & l'architecture.

Les rayonnements propres à ces manifestations constituent les Beaux-Arts; on les nomme aussi arts libéraux, car, enfants des libres esprits, ils n'obéissent qu'aux vocations naturelles.

Les Beaux-Arts dans leur essor sont donc l'expression d'une grande pensée chez les peuples arrivés à une époque de force virile & de besoins moraux, où le sentiment cherche à manifester, par des objets saisissables, les notions de Divinité & de patrie, ces puissants liens du faisceau social. C'est ainsi que le besoin d'emblèmes, d'images sensibles, de supports sur lesquels l'imagination & la pensée peuvent se fixer, est, sinon absolument l'origine des arts, du moins leur plus digne application.

Fidèles à une si belle mission, les Beaux-Arts sont donc les éloquents interprètes des sentiments du cœur humain, en même temps qu'ils savent exalter les âmes jusqu'au plus noble enthousiasme.

Quoique fraternellement unis dans la philosophie de l'art en général, chacun des Beaux-Arts obéit à des règles particulières à ses attributions. Ces règles constituent l'*art* pratique, qui préside à la perfection des moyens d'exécution, en réalisant la pensée conçue par le génie. Si l'art dans une suprême imitation ose parfois rivaliser avec les beautés de la nature, son triomphe est de savoir se cacher lui-même ; & l'on peut dire avec raison que la règle est la vertu de l'art. Toutefois, l'illusion absolue n'est point le but de l'art ; des conventions obligées en caractérisent les diverses formes d'expression. Bien que dans la vie réelle l'action de chanter indique une sorte de satisfaction, de contentement intérieur, tel est cependant le propre de l'art musical, que, par des chants d'un accent pathétique, il attendrit jusqu'aux larmes, ou, selon le sujet, il impressionne l'âme d'émotions fortes ou terribles.

Le *sentiment* est la source vitale de l'art; on oserait presque dire qu'il en est le génie même. Le goût, l'esprit, la science, sont les auxiliaires dont il s'aide pour manifester & rendre sensibles les perfections qu'il a pressenties.

La peinture, la statuaire, suivant leurs moyens d'expression, modifient l'apparence des objets par de savants contrastes qui en rehaussent l'effet, & par d'habiles mensonges; leurs productions sont néanmoins toujours assez *vraies*, dès qu'elles semblent dire la vérité.

Les Beaux-Arts, par des moyens divers, parviennent également à impressionner l'esprit & l'âme; ils n'ont point à se porter envie, car chacun d'eux est un tout complet vivant de sa propre vie. Cependant, nés d'un même principe, parfois ils s'empruntent des beautés qu'ils savent transformer & rendre nouvelles par les qualités qui leur appartiennent.

Si, par ses élans impétueux, l'éloquence électrise l'âme, l'illumine de pensées,... la Poésie élève l'esprit & le cœur par ses fictions enchanteresses;... la Musique n'est pas moins puissante à s'emparer des sens & de l'âme, par le charme irrésistible de la mélodie & de l'harmonie; la Danse, par la grâce ou la noble fierté d'attitudes variées, semble offrir l'union simultanée de la statuaire, de la peinture & de la musique, animées du *mouvement* de la vie.

Le mouvement successif de l'action, de même que les accents de la voix, sont, il est vrai, refusés à la *Peinture;* mais par les magiques effets qui résultent de la forme & de la couleur, par la séduisante illusion dont elle possède le prestige, elle étonne & ravit à la fois... Parmi tant de merveilleuses créations qu'elle se plaît à prodiguer, son plus beau triomphe pourtant est moins de charmer les yeux que d'émouvoir par la grande pensée dont elle veut frapper les esprits & les cœurs.

De l'unité de principe des Beaux-Arts, il résulte une sorte de similitude de sentiments, & par conséquent aussi de rapports sensibles entre le génie des grands artistes.

Au xvie siècle Palestrina, par d'émouvantes compositions religieuses & de savantes théories, pose les bases de l'art musical, porté à une si glorieuse perfection par ses illustres successeurs, Léo, Gluck, Sacchini, Piccini, Grétry, Mozart, & nos illustres contemporains.

Dans Palestrina ne voit-on pas quelques rapports avec Giotto? Et comme pour rendre plus évidents ces liens de parenté du génie, ne croit-on pas reconnaître Raphaël dans Mozart? Poussin & Corneille ne semblent-ils pas se ressentir l'un de l'autre? Cimarosa ne serait-il pas comme un musical ressouvenir du Corrége? Et le génie de Dante n'est-il pas tout entier dans les œuvres de Michel-Ange?

Gluck disait : « Je suis convaincu des rapports intimes de tous les Beaux-Arts, & je crois que la musique doit ajouter à la poésie ce qu'ajoutent à un dessin correct & bien composé la vivacité des couleurs & l'accord heureux des lumières & des ombres, qui servent à animer les figures sans en altérer les contours. Le succès en justifiant mes idées m'a démontré que la simplicité & la vérité sont les grands principes du beau dans toutes les productions des arts. »

L'instinct inné de l'imitation, commun à l'humanité en général, se développe en raison du degré de civilisation. Imiter, c'est parler aux yeux, aux oreilles & aux passions l'idiome qui leur est propre ; la nature nous entoure de modèles, l'essentiel est de choisir. L'imitation la plus efficace pour affecter l'âme dans ses sympathies les plus vraies & les plus délicates sera donc le succès de l'art, soit qu'on y parvienne au théâtre par la déclamation & la pantomime, ou bien que les actes les plus importants de la vie soient transportés sur la toile ou sur le marbre, soit enfin que les accents de la musique & de la poésie excitent l'enthousiasme. N'en est-il pas de même si un antique édifice, dans son silence éloquent, rappelle à des êtres qui passent eux-mêmes les événements des temps qui ne sont plus?

Le progrès des arts étant donc une consé-

quence de la civilisation, le peuple le plus in-
telligent de la terre devait naturellement sentir
& développer le véritable caractère des arts,
en concevant leur but de perfectibilité humaine.
En vain l'Inde, l'Assyrie, l'Égypte, s'épuisent
à de colossales créations : le but final de l'art
leur échappe. Les Grecs seuls, par l'intuition
de ce qui est vraiment grand, beau, sublime,
ont su porter l'art jusqu'à l'apogée de sa perfection. Dans tous les genres les chefs-d'œuvre
qu'on leur doit sont les modèles où tous les
peuples civilisés, depuis les Romains jusqu'à
nos jours, ont puisé les plus précieux enseignements.

Évoquer les génies qui illustrèrent la Grèce,
n'est-ce pas rappeler à l'imagination le souvenir
de leurs chefs-d'œuvre ? Dire Phidias ! Alca-
mène ! Scopas ! Micon ! Polygnote ! Ictinus !
n'est-ce pas dire les beautés du *Pœcile*, de la
Minerve d'ivoire et d'or, des *Frontons* & du
Parthénon ?

Aux noms d'Eschyle, de Sophocle, d'Euri-
pide, la pensée se reporte à la scène antique

animée de leur génie... Si Pindare s'exalte aux transports lyriques, Tyrtée sait embraser les cœurs d'un généreux courage ;... enfin, remontant à la source du *vrai beau*, Platon en découvre le principe éternel dans le sein de Dieu même !

Et tous ces glorieux génies, & tant d'autres encore, sont l'auréole radieuse dont brille le front de leur maître immortel, le divin Homère !

Nous avons reconnu l'art interprète des croyances religieuses & des sentiments d'un peuple libre ; mais, par l'instabilité des choses humaines, des événements funestes produisant la corruption des mœurs, l'art dévie alors de son noble but. Sous le règne d'Alexandre, sous la volonté d'un maître absolu, la haute signification des œuvres du génie, bientôt répudiée, céda au culte de *l'art pour l'art*. Toutefois si l'art, cette philosophie pratique des beautés de la nature, renonce à la gloire de sa mission morale, c'est vers les perfections les plus délicates qu'il dirigera ses efforts ; la grâce exquise, les merveilles du goût, de l'élégance des

formes & la suavité du fini le plus parfait
caractériseront ses nouveaux chefs-d'œuvre.
*La femme, type le plus parfait de la beauté
organique, et les grâces de la molle adoles-
cence,* sont alors les modèles de prédilection
de l'art, désormais asservi à la vanité ou aux
voluptueuses fantaisies d'un maître... Alors,
cependant, par des œuvres d'une perfection in-
espérée, le génie semble franchir les limites de
l'art... Ravissante de beauté divine, *Vénus
Anadyomène* apparaît sous le pinceau d'Apelles,
&, par les perfections de la statuaire, le *Cupi-
don* immortalise la gloire de Praxitèle...

Mais, en dépit des plus admirables créations,
l'art, devenu le flatteur des sens, est par cela
même frappé d'une atteinte funeste, &, du
faîte où le génie l'a fait parvenir, sa décadence
est déjà prévue... Descendant de si haut, longtemps encore il pourra briller d'un certain
éclat, mais son déclin & sa chute sont inévitables... jusqu'au jour où, dans un avenir éloi-
gné, semblable au phénix, l'art renaîtra de ses
cendres.

II

DES FACULTÉS DE L'ARTISTE

FACULTÉS DE L'ARTISTE

L'imagination peint intuitivement, l'esprit compare, le goût choisit, le génie pressent & devine ; le talent exécute.

Telles sont les conditions fondamentales des intelligentes aptitudes de l'artiste ; éminemment sensible aux beautés de la nature & de l'art, il reproduit dans ses œuvres les émotions dont son âme est pénétrée. L'amour de l'étude développe, soutient, exalte ces dons précieux ; il faut aussi qu'une haute raison, un jugement sain règle & maintienne en de justes

limites les élans de l'inspiration; il faut enfin
que, par une volonté constante, inflexible aux
difficultés, aux lenteurs inévitables de l'exécution, l'artiste conserve le chaleureux enthousiasme qu'il a ressenti au début de son
œuvre.

Cette analyse indique à peine la variété des
aptitudes dont les artistes marquent leurs
œuvres. Mais quelle que soit la diversité de
leurs qualités, d'où résulte l'originalité du talent, les maîtres n'en sont pas moins fidèles
aux principes immuables de l'art.

Pour les gens du monde, cependant, il ne
semble pas que les créations de l'art, quoique
prodigieusement empreintes de puissance, de
grâce ou d'énergie, aient dû coûter aucun
effort. On se plaît en général à les considérer
comme la conséquence naturelle d'une organisation heureusement douée; mais l'artiste sait
que les chefs-d'œuvre sont le fruit de méditations profondes & d'efforts d'une constante
ardeur.

« *Ce qui est fait vite, est bientôt vu.* »

disait le grand peintre David; Newton répondait à ceux qui lui demandaient comment il avait fait ses grandes découvertes : « *en y pensant toujours.* » Léonard de Vinci ne blâme-t-il pas sévèrement la trompeuse & folle vitesse de certains peintres, lorsqu'il dit : « Si vous ambitionnez la gloire & la fortune, travaillez longuement vos œuvres; toutefois, gardez que celles-ci n'en trahissent le secret? »

Obéissant à de tels enseignements, c'est par le recueillement & l'étude, par l'intelligente contemplation des beautés de la nature & des chefs-d'œuvre de l'art, c'est enfin en accumulant ces richesses qui fécondent le génie, que l'artiste développe ses facultés natives.

Prompt à saisir les lueurs subites & fugitives de l'inspiration, il donne un corps à l'idée préconçue qui brille en son imagination. Déjà l'œuvre lui apparaît resplendissante de beauté, mais alors commence le travail de la réalisation & surgissent des difficultés, des obstacles imprévus, que sa constante persévérance saura surmonter.

Dans l'élan des intelligences il ne faut dédaigner aucune des manifestations diverses de l'art. De même que la nature voit d'un même amour ses innombrables créations, l'artiste choisit à bon droit, selon son penchant & ses aptitudes personnelles, la part qu'il s'attribue dans le spectacle des beautés qui s'offrent à sa vue.

Le succès éclatant, en justifiant l'essor audacieux qui s'élève jusqu'au sublime, doit en une certaine mesure couronner aussi de plus modestes aspirations.

Quelle que soit la gloire de l'artiste, son caractère naturellement impressionnable l'expose à ressentir cruellement de funestes atteintes; alors, si sa verve faiblit & si son génie, un moment obscurci, révèle le moindre indice de décadence,... malheur à lui! Aussitôt ses admirateurs, lassés peut-être de le louer, saisiront cette occasion de l'accabler de critiques amères, dont son énergie devra triompher.

L'énergie du caractère est une base essen-

tielle du talent, & la générosité des sentiments est aussi une des nobles qualités qui
distinguent le grand artiste.

Entre de nombreux exemples rappelons
ceux-ci : Dans l'antiquité nous voyons Apelles
exaltant le haut mérite de son émule Protogène, jusqu'alors méconnu de ses compatriotes
les Rhodiens.

En 1400, lors du concours ouvert à Flo-
rence pour l'exécution des portes du Baptis-
tère, les deux illustres concurrents, Brunelles-
chi & Donatello, se reconnaissent vaincus par
Laurent Ghiberti, & décident eux-mêmes les
magistrats à décerner le prix à leur jeune
rival.

N. Poussin pressentant la gloire future d'Eustache Lesueur, encore élève chez Simon Vouet,
l'initiait aux beautés de l'art italien, aidant
ainsi par sa docte parole & par de savants
exemples au développement d'un génie trans-
cendant. N'est-on pas touché de la vive solli-
citude dont le vieux Gluck et Haydn étaient
animés pour le merveilleux enfant qu'ils devi-

naient devoir être un jour le musicien suprême : Mozart ?

On reconnaît à de pareils sentiments l'amour du *Vrai*, du *Bien*, du *Beau*, que le culte des arts libéraux développe dans les organisations d'élite destinées à les honorer par leurs propres œuvres.

Il est malheureusement des époques néfastes qui amènent la société à ne plus sentir, à ne plus comprendre ce qui est digne & grand. C'est un temps d'arrêt. On s'efforce alors d'abaisser la gloire des hommes de génie. Mais l'artiste inébranlable dans ses convictions, le regard fixé sur la postérité, s'efforce à bien mériter d'elle ; car c'est de son jugement souverain qu'il attend la consécration de sa gloire, un moment voilée par l'ignorance envieuse.

C'est ainsi que se reproduisent en leur temps les oscillations de l'esprit humain. De nos jours, n'avons-nous pas vu la gloire de L. David, de Gros, de Mozart, voire même celle de Raphaël, contestée par des hommes qui s'attribuent le titre de progressistes ? La fable du *Serpent et de la Lime* contient la réponse que méritent de si folles aberrations.

A cet aperçu des qualités particulières à l'artiste, ajoutons cette citation de Vauvenargues : « Le génie qui fait les poëtes & les peintres est le même qui donne la connaissance du cœur de l'homme. On ne peint bien le genre humain que parce que l'on a une grande imagination ; tout homme qui ne saura pas peindre fidèlement les passions, la nature, ne méritera pas le nom de grand peintre, de grand poëte. »

Bien avant le jeune philosophe français, Simonide n'avait-il pas dit : « La poésie est une peinture parlante, comme la peinture est une poésie muette ? »

Les poëtes, les musiciens, les peintres, les statuaires, les architectes, tous également épris des beautés de la nature, source éternelle de nobles inspirations, réalisent, par leurs œuvres animées de ce même amour, cette grande pensée de l'antiquité, symbolisée par le mythe d'Apollon conduisant le chœur des Muses : ingénieuse expression de l'unité intellectuelle des Beaux-Arts.

L'artiste fidèle à sa mission dédaigne d'invoquer le secours de l'art en faveur de sujets qui n'en seraient pas dignes ; mais il est ardent à pénétrer les esprits de poésie, de piété, d'héroïsme, & il s'efforce d'empreindre son œuvre du caractère le plus élevé. Par le prestige de l'art, ce puissant auxiliaire du génie, l'artiste parvient à réaliser les beautés rêvées d'abord en son imagination. Mais l'art soigneusement caché sous les beautés de l'œuvre n'y sera découvert & admiré que par les intelligences supérieures, & ces beautés produiront une sensation d'autant plus vive, que les moyens employés pour les faire briller sembleront plus simples & plus naturels.

Quel que soit son élan, l'heureuse & soudaine inspiration de l'artiste, s'il ne possède point l'art d'imprimer à sa pensée la forme qui seule lui convient & la caractérise, son œuvre demeurera incomplète... Peut-être un jour servira-t-elle à l'artiste plus habile, qui, frappé de l'inspiration première de tels essais, saura s'emparer de ces éléments comme point de départ, les développer & leur donner ce pur éclat dont brillent les œuvres dignes de l'attention générale.

Nés d'un même principe, les Beaux-Arts, par leur langage divers, se rencontrent dans l'expression des sentiments du cœur humain. La musique & la peinture ne présentent-elles pas une certaine similitude entre elles? La mélodie n'est-elle pas comparable au dessin de la forme? Les riches combinaisons de l'harmonie n'offrent-elles pas un remarquable rapprochement avec les brillants effets du coloris & la magie du clair-obscur?

Conformément à la philosophie de Leibnitz il a été dit des beautés de l'art : « L'élégance qui séduit, la délicatesse qui charme, la suavité qui nous impose l'admiration, sont autant de preuves de l'irrésistible pouvoir de cet art merveilleux qui ne consiste que dans l'imitation de quelques-unes des innombrables choses que Dieu, par sa sagesse infinie, a inventées &

créées... La bonne peinture est noble & pieuse par elle-même, car chez les sages rien n'élève plus l'âme & ne porte davantage à la piété que la perfectibilité qui s'approche de Dieu. Or la bonne peinture n'est qu'une copie de ses perfections, une ombre de ses merveilleuses beautés, une musique, une religieuse poésie ! »

Les œuvres de l'art ne sont absolument complètes qu'à la condition d'être un tout, auquel on ne saurait rien ajouter ni retrancher, sans porter atteinte à son harmonieuse homogénéité, car un chef-d'œuvre doit être en quelque sorte comparable à un être vivant & bien constitué.

Un auteur a dit quelque part : *admirer, c'est égaler*... Cela est vrai dans une certaine mesure, car c'est en conséquence de l'intelligence, de l'instruction, de la sensibilité de chacun, que l'œuvre animée par la puissance de l'art & de l'inspiration du génie impressionne & exalte au suprême degré. Les connaissances spéciales ne sont point absolument nécessaires pour ressentir les qualités essentielles d'un chef-d'œuvre, car les succès légitimes & durables émanent surtout de la vive émotion publique.

Ces conquêtes de l'esprit humain ne s'obtiennent que par le concours d'un principe fécond & les efforts d'une ardente volonté, capables d'en développer les beautés & les perfections.

Chez les Grecs, à partir des éléments primitifs de l'art archaïque, trois siècles suffisent à peine pour l'élever à la hauteur dont resplendit l'époque de Périclès.

Dans l'Italie moderne, l'art suit aussi cette marche ascendante. Au XIII⁵ siècle *Giotto*, s'affranchissant des étrangetés byzantines, fonde la grande École italienne, dont ses œuvres, empreintes d'un caractère national, contiennent le germe puissant.

Cédant à cette forte impulsion, des générations d'artistes, parmi lesquels brille *Masaccio*, léguent à d'ardents successeurs les trésors de progrès qui semblaient attendre la venue du génie prédestiné à couronner cette œuvre de l'intelligence. *Léonard de Vinci, Michel-Ange,* tels grands qu'ils furent, cédèrent néanmoins cette gloire à l'invincible éclat de leur jeune émule, le divin *Raphaël*.

A la vue, au souvenir de tant d'inimitables chefs-d'œuvre dus à ce prince des peintres, à l'admiration qu'on en ressent, se joint toujours le regret de sa fin prématurée.

Comme par un pressentiment funeste, il se hâte d'imprimer à la figure du Christ ce caractère divin dont il sent en lui-même la révélation. En vain il dispute à la mort un monde d'images qui attendaient la vie de son pinceau créateur... Vaincu, il tombe en face de son œuvre inachevée, &, pour adieu suprême, Raphaël abandonne à l'admiration du monde le tableau de la Transfiguration.

III

DE LA BEAUTÉ

DE LA BEAUTÉ

La beauté est le caractère de perfection im-
primé par la nature aux sujets d'élite dans les
divers genres de ses créations. Mais c'est chez
l'être humain qu'on en peut admirer la suprême expression, car en lui seulement s'unis-
sent aux beautés de la forme les beautés de
l'âme & de l'intelligence ; d'où résulte la beauté
par excellence, beauté qui s'impose par le
charme irrésistible, le bonheur, l'admiration,
qui transportent l'esprit à son aspect.

L'accord des proportions & de la symétrie,

l'élégante plénitude & l'harmonie des formes, la grâce des mouvements, la puissante vitalité de l'organisme, enfin l'exquise conformation de l'ensemble répondant au vœu absolu de la nature : tels sont les principaux éléments de la beauté physique. Cette observation se reproduit avec justesse à l'égard de tous les êtres organisés, depuis les plus infimes jusqu'aux plus parfaits.

Ces qualités brillent plus vivement encore dès que les divers phénomènes de la lumière, faisant ressortir les nuances & l'éclat du coloris, ou les prestiges du clair-obscur, ajoutent à la réalité de ces créations une splendeur nouvelle.

Inspirés des beautés de la nature vivante, les chefs-d'œuvre de l'art antique éclairent notre esprit en développant le goût des perfections du beau, & nous enseignent ainsi la véritable source de la beauté idéale, poétique exaltation de la forme & du caractère.

L'élégante pureté, l'élévation du style, la majesté, la grâce austère, enfin tout ce qui dans les beautés de l'art peut enflammer l'imagination, les anciens, nos maîtres, en reproduisant la poésie de la nature, ont su l'exprimer admirablement.

Ces exemples donnés par de tels hommes excitent en nous la noble ambition de nous élever jusqu'à eux, de tenter même de les égaler, quoique ces devanciers des temps antiques aient eu sur nous des avantages qui rendent difficile le succès complet de cette rivalité. Le climat, les usages, les costumes, les mœurs, la brillante poésie du paganisme, la politique, tout concourait dans la civilisation grecque à favoriser le culte de la beauté, ainsi que le développement de la force physique.

Aussi, grâce à cette heureuse influence sur les Beaux-Arts, Phidias, Polyclète, Praxitèle, Ictinus, Apelles, Parrhasius, Protogène & leurs émules, ont-ils excité l'admiration de leurs contemporains; & la gloire de si grands noms, malgré les siècles écoulés, est parvenue jusqu'à nous dans son imposante suprématie. Malheureusement, à ces brillantes époques de civilisation succéda la barbarie. Longtemps l'ignorance & tous les maux qu'elle entraîne affligèrent l'humanité, lorsque enfin le christianisme apparut, releva les courages, régénéra la société. Dès lors les sentiments religieux pénétrèrent les âmes d'une fervente piété, de divines aspirations & d'espérances célestes; de là le principe & la source de cette beauté morale que l'art des époques modernes a su puissamment exprimer, & qui en est la gloire incontestable. Cette beauté, religieusement morale, qui surpasse même les autres beautés justement admirées dans les chefs-d'œuvre de Raphaël, distingue aussi les œuvres de Giotto, de Fra Angelico de Fiesole, de Fra Bartolomeo, du Dominiquin, d'Eustache Lesueur, dont le candide génie mérite d'être cité aux premiers rangs de l'art chrétien.

Les vertus chrétiennes & le caractère religieux, en excitant l'enthousiasme du génie, sont les éléments de cette beauté qui distingue particulièrement les chefs-d'œuvre de l'art moderne.

Si le ciel de nos climats, moins favorisé que celui de la Grèce, si la différence de civilisation, si la chaste réserve des mœurs & du costume, laissent voilées les beautés du corps, contrairement aux usages antiques, moins sévères à cet égard ; si enfin ces richesses manquent à notre admiration contemplative, tout cela n'est-il pas compensé par la pénétration plus intime des émotions de l'âme, que révèle surtout l'expression du visage en dévoilant de nobles & sublimes aspirations ?

Des auteurs anciens & modernes ont brillamment traité le sujet que nous effleurons à peine. Aristote s'exprime ainsi : « Les formes « essentielles du beau sont l'ordre, la symé- « trie, la détermination, la limitation : dire « beauté, c'est dire grandeur et ordre. »

Isocrate célébrant la beauté de la plus belle des Grecques, d'Hélène, dit : « Rien n'est plus « précieux que la beauté : elle rehausse le « mérite de toute chose. Par elle tout doit « plaire, & rien sans elle ne peut être aimé « ni admiré. Son privilège est de polir les

« mœurs, d'exciter l'amour de la gloire, d'en-
« flammer le génie, & les arts qu'elle inspire
« lui doivent leurs chefs-d'œuvre. » Ajoutons
que le charme séduisant de la grâce accomplit
la parfaite manifestation de la beauté.

Selon Plotin, auteur de cette définition célèbre : *La beauté est la splendeur du vrai*, les
corps deviennent beaux par leur participation
à une raison qui leur vient de Dieu.

D'autres présentent cette définition : « La
« beauté est l'harmonie des formes, d'où ré-
« sulte l'unité dans la variété. » Quelques-
uns en appellent aux chefs-d'œuvre de l'art
grec, & définissent ainsi la beauté : « Le mer-
« veilleux caractère de proportion & d'unité
« joint à la majesté simple, à la grandeur
« tranquille, à la grâce austère, forment
« ensemble le suprême caractère de la beauté. »

Quelles vives impressions, quel ravissement,
& parfois quelle extase n'éprouve-t-on pas à
l'aspect de la beauté ! Aussi se soumet-elle
difficilement à l'analyse du raisonnement, souvent elle lui échappe. Comme l'amour qu'elle

inspire, la beauté émeut plutôt qu'elle ne s'explique. Par son influence souveraine, elle exalte l'imagination & lui persuade que la *beauté terrestre* n'est peut-être que le reflet d'une *beauté plus haute*, qui seule est la véritable *beauté*.

C'est ce qu'une pensée philosophique de Vauvenargues indique si bien : « Toutes les « démonstrations ne tendent qu'à nous faire « connaître les choses avec la même évidence « que nous les connaissons par sentiment. « Connaître par sentiment est donc le plus « haut degré de connaissance ; il ne faut pas « demander une raison de ce que nous con-« naissons par sentiment. »

Platon disait que traduire la beauté de l'âme par les beautés du corps dans de belles attitudes, ou par la sonorité de belles mélodies, ou par d'éloquentes & poétiques paroles, est le but de l'art [1] dans sa plus digne ac-

1. Parmi les Beaux-Arts, expression directe de l'âme, il n'est pas hors de propos de signaler l'*Archi-*

ception. Et dans le ravissement que la beauté lui cause, Platon interroge les secrets des dieux. Il pense que les âmes existaient avant les corps, & que, libres & pures, elles avaient des connaissances universelles, dont elles ont perdu le souvenir en revêtant une enveloppe grossière. Toutefois ce souvenir peut être réveillé, & le tressaillement que nous éprouvons à l'aspect des beautés de la nature est produit par une réminiscence de la perfection suprême que nos âmes ont vue dans leur état d'indépendance & de pureté.

Par de telles pensées, il semble que la haute intelligence du philosophe athénien entrevoyait déjà la régénération morale, qui, en éclairant les âmes, devait un jour offrir à l'art chrétien les beautés dont il est l'expression éloquente, & l'élever à ce point d'être une des gloires de la civilisation des temps modernes.

tecture, dont la symétrie & les proportions harmonieuses empruntent leur principe aux beautés de la configuration humaine elle-même.

Vitruve le dit clairement dans son IVe livre.

Ainsi, le sentiment & l'admiration de la beauté suprême, dans les créations diverses de la nature, se modifient selon le caractère & la civilisation des peuples. Les Beaux-Arts, expression naturelle de telles aptitudes, sont par conséquent inévitablement soumis à cette influence. De là naissent les inspirations du vrai, du beau, du sublime, ou fatalement de déplorables décadences.

IV

DE LA BEAUTÉ

APPENDICE

DE LA BEAUTÉ

APPENDICE

Aux belles définitions que les anciens nous ont données de la beauté, les modernes en ont ajouté de nouvelles; mais ce sujet est une source tellement inépuisable de méditations, qu'un auteur, désespérant d'en pouvoir dire le dernier mot, s'écrie : « La beauté *est*, parce qu'elle *est*; & l'émotion qu'elle nous cause est la révélation certaine de sa réalité, bien plutôt que toute démonstration ne saurait le faire. » Un philosophe nous dit : « Nulle part & jamais, la matière n'est belle que par l'expression. L'âme n'est-elle pas autant au-dessus de

la beauté physique que l'intelligence est supérieure au corps ? » Enfin, ajoute une illustre
autorité : « L'homme est une intelligence ser-
vie par des organes. »

L'organe spécial de l'intelligence étant le
cerveau, nous sommes amenés à dire quelques
mots sur la configuration de l'enveloppe encé-
phalique.

Si l'on parcourt l'échelle ascendante des
êtres organisés jusqu'à l'homme, on voit l'enveloppe cervicale s'élever de plus en plus,
mais s'arrêter à la limite qui sépare absolument l'être inférieur de la créature humaine,
de la créature privilégiée, douée de la faculté
de penser, de connaître & d'admirer la nature, & d'aspirer à comprendre Dieu.

Le caractère absolu de cette incomparable
différence est marqué par l'angle droit (90°),
que déterminent deux lignes, l'une partant
de l'orifice du canal auditif & joignant la base
nasale, & l'autre de ce point se dirigeant vers le
front. L'angle droit que forment ces deux lignes n'existe que chez l'être humain, & seu-

lement chez celui qui en présente la parfaite organisation.

La vaste capacité cérébrale qui résulte de l'élévation de ce dôme qu'on appelle le crâne contient, comme on le sait, le merveilleux organe des aptitudes universelles qui sont l'apanage de la créature humaine.

La perfection du crâne déterminant la perfection de l'ossature générale, il en résulte la perfection des proportions du corps, & par conséquent de la beauté.

On peut être porté à nier cette beauté d'harmonieux ensemble, soit par la laideur du visage, soit par l'excessive maigreur, soit au contraire par l'exubérance des chairs ; n'est-il pas facile en ce cas de reconnaître que ces apparentes perturbations des muscles proviennent de maladies ou d'accidents qui ont pu produire de regrettables effets sur les parties molles de l'organisation ? Ainsi Socrate plaisantait lui-même de la laideur de son visage. Mais il n'en était pas moins beau physiologiquement, & sa grande bouche & son nez trop court n'empêchent nullement la beauté de son vaste crâne & de tout le reste de son corps. L'exemple de saint Vincent de Paul donne lieu aux mêmes observations. Voltaire n'est-il pas beau en dépit de son excessive maigreur? Le beau développement de son crâne commande à la justesse des proportions de la charpente osseuse de son corps; le volume des muscles seul y fait défaut, mais la beauté intellectuelle & la beauté d'expression s'y maintiennent en dépit de la matière affaiblie.

L'être humain le plus parfait & par conséquent le plus beau est donc celui qui, par sa configuration cérébrale éminemment humaine, domine le plus sur les êtres organisés dont la nature secondaire semble se rapprocher de la créature humaine.

V

DE L'EXPRESSION DU CONTOUR

DANS LES ARTS DU DESSIN

L'EXPRESSION DU CONTOUR

DANS LES ARTS DU DESSIN

Personne ne peut ignorer que dans la nature l'aspect d'un corps quelconque ne présente point de traces de contours. La limite seule des formes, en les séparant de l'espace qui les environne, en détermine la réalité matérielle.

Pour le statuaire il n'existe pas de *tracés* de contours; pour le peintre, au contraire, le contour est d'une importance extrême. La peinture étant une fiction d'optique, c'est par le

prestige des apparences perspectives que le
dessin fixe sur une surface plane la forme des
corps.

De la détermination des lignes gracieuse-
ment ondulées, ou d'une fierté virile, selon le
caractère spécial du sujet, il peut résulter une
beauté saisissante de l'objet représenté.

Les peintres de l'antiquité considéraient avec
raison l'excellence du contour comme la base
essentielle des beautés de leurs chefs-d'œuvre.
Apelles ne laissait passer aucun jour sans tracer
quelques contours. Pline ajoute à ce sujet le
récit de la rencontre d'Apelles & de Protogène,
&, dans la lutte de leur talent, admire la victoire d'Apelles qui, selon lui, était parvenu à
tracer des lignes d'une ténuité encore plus
déliée que ne l'avait pu faire son rival. Il est
évident que loin de se préoccuper d'un concours aussi puéril, ces deux grands artistes
avaient en vue la suprême perfection de la
beauté des *formes* d'une figure, sans doute de
quelque nymphe ou autre déité ; peut-être même
Apelles avait-il en cette occasion dessiné de

souvenir son admirable *Vénus Anadyomène*, tableau qui se voyait à Rome du temps de Néron, ainsi que celui où se trouvaient les contours tracés par les deux illustres émules. Les vases peints, vulgairement appelés vases étrusques, sont une preuve de la surprenante habileté de ces peintres improvisateurs, & ces peintures, quoique réduites au seul délinéament des formes, montrent la sûreté de main, la justesse de coup d'œil & le sentiment général, à cette époque de beauté de grand style.

Cette perfection du contour, si précieuse chez les maîtres de l'art grec, nous la retrouvons dans leurs successeurs aux époques modernes.

De Giotto, l'illustre fondateur de la grande école italienne, jusqu'à Raphaël qui l'a portée à son apogée, le culte constant du contour se remarque dans les efforts de plusieurs générations d'artistes. En Allemagne Albrecht Durer, stimulé par les gravures de Marc-Antoine, cet habile traducteur de Raphaël, donne à l'école allemande l'exemple de l'excellence du contour.

Signalons aussi le surprenant talent du célèbre artiste anglais Flaxman, qui sut, par l'unique secours du contour, être l'éloquent interprète d'Homère & des grands tragiques grecs.

En France, vers la fin du siècle dernier, l'abandon des hautes aspirations de l'art avait fait notablement déchoir l'école française, lorsque David, par l'exemple de ses œuvres, régénéra la peinture en y faisant revivre le goût de l'art antique. C'est dire assez qu'à cette époque la correction, le goût, l'élévation du style, caractérisèrent les mérites du contour. Parmi les illustres disciples de David se distingue l'auteur de l'*Apothéose d'Homère*. Dès ses débuts, M. Ingres a marqué sa constante recherche de la perfection du contour; & dans tous les chefs-d'œuvre qu'il a produits, & qu'il produit encore, on admire toujours la plus haute expression & l'excellence de la beauté suprême du dessin. N'est-ce pas lui qui a dit ce mot profondément juste &

vrai : « Le dessin est la probité de la peinture ? »

Si nous insistons sur les éminentes qualités du contour, c'est-à-dire du génie du dessin, c'est dans l'appréhension de voir l'art français dévier de la voie constamment suivie par les maîtres. Les prestigieux effets de lumière, l'habileté de la touche, une certaine négligence, presque l'abandon des sévères leçons que présentent les chefs-d'œuvre, entraînent quelques artistes à ne plus guère se préoccuper que du charme du premier aspect : dangereuses tendances dont il faut redouter les funestes effets.

VI

DU COLORIS

DU COLORIS

Dans les œuvres de la peinture, la science du dessin, l'idéal de la forme, les conceptions les plus touchantes ou les plus hardies de la pensée, excitent à bon droit notre admiration, & le coloris, par son charme irrésistible, nous attire aussi vers les œuvres des peintres favorisés de ce don précieux.

Par le prestige du coloris, de vastes horizons se déroulent au loin, la lumière resplendit sur l'étendue, l'harmonie des couleurs charme le regard, la planimétrie du tableau fait place aux reliefs; l'air circule, la chaleur & la vie animent toutes choses, les figures respirent;... elles semblent se mouvoir!

Le spectateur émerveillé, cédant au charme de l'illusion, est tenté de croire à la réalité de la nature, en admirant ces créations de l'art.

Dire de quelle source secrète jaillit l'inspiration du coloriste, comment il est initié à la perception de la riche & puissante coloration dont la nature aime à se parer, enfin par quelle faculté innée il peut, de sa brillante palette, de ses fiers pinceaux, prodiguer à l'envi, & sans aucun effort, ces magiques apparences d'un effet saisissant, d'un charme qui transporte,... on essayerait vainement de l'expliquer.

C'est à une impulsion intérieure que le coloriste obéit; il est, en quelque sorte, l'instrument prédestiné de cette force inconnue qui le guide & l'anime; c'est par l'émotion de son âme à l'aspect des beautés de la nature, par l'admiration passionnée qu'il en ressent & le vif souvenir qu'il en conserve, que le coloriste, surmontant les difficultés matérielles qui semblaient devoir enchaîner son audace, fait apparaître la lumière, illumine d'un vif éclat les couleurs les plus variées, &, de l'accord des tons, crée un harmonieux coloris qui saisit & charme la vue. En un mot, la faculté du coloris est toute de sentiment, &, par cela même, repousse les froides investigations du raisonnement. Analyse-t-on l'amour? Définit-on la vie?

Toutefois, dans tous les arts, c'est après l'apparition des œuvres du génie que l'observation, constatant des beautés admirées, s'efforce d'en établir les règles. Des règles!... Quant au coloris, on peut avancer qu'il échappe à toute tentative d'en fixer les lois[1].

1. Ces règles existent, il est vrai; nous voulons dire seulement que, par la suprême perception des harmonies colorées, le coloriste éminemment doué les sous-entend, les devine comme d'instinct; de ses enthousiastes créations il résulte les brillants effets qui en révèlent les règles, &, d'après de tels exemples, d'autres peintres s'appliquent à les mettre en pratique.

Voyez cette harmonie blonde & chaude, ce coloris tendrement brillant du peintre de la grâce, de l'inimitable Corrége...

Rien de plus charmant, dites-vous : mais aussitôt votre émotion change de caractère : car les toiles de Titien, de Giorgion, vous captivent, vous étonnent, vous transportent par la fierté, la chaleur brûlante de leur couleur. Rubens, Paul Véronèse, éblouissent par l'éclat dont ils ont le secret ; l'air, la lumière & de prestigieuses couleurs y sont si généreusement prodiguées !

Cependant, parmi ces divers coloristes, voici venir Rembrandt. Lui, tout au contraire de ses brillants émules, semble redouter le grand jour ; l'éclat du soleil l'importune ; ce qu'il préfère, c'est la magie du *clair-obscur*, ce sont de furtifs rayons de lumière cédant avec un humble empressement aux masses transparentes & profondes, à ces ombres que l'on pourrait nommer lumineuses, tant le regard pénètre dans ces mystérieuses dégradations de tons nuancés & variés à l'infini, pourtant admirables d'harmonie & d'unité.

Cette magie prodigieuse des effets nous inspire l'idée d'évoquer par la pensée Apelles, ce prince des peintres de l'antiquité : nous présumons que, d'abord charmé du coloris de Corrége, dans lequel peut-être il reconnaîtrait le sien même, l'artiste grec, étonné de la puissance de couleur, conquête des Titien, des Giorgion, ébloui de l'éclatante somptuosité de Rubens, mais frappé de l'étrangeté du peintre Rembrandt, hésiterait un moment à lui rendre un juste hommage.

Nous venons de citer de grands noms consacrés par l'admiration enthousiaste des générations; mais dès à présent la postérité n'a-t-elle pas lieu de proclamer aussi la gloire de l'illustre peintre de la *Peste de Jaffa?* S'il est vrai, comme nous l'avons dit, que le sentiment & la puissance du coloris sont des facultés innées, quel peintre, plus que Gros, fut jamais plus évidemment prédestiné par la nature?

Doué d'une prodigieuse facilité, d'une imagination poétique & des qualités du coloriste éminent, il nous fait assister, dans le tableau de la *Peste de Jaffa*, aux angoisses de ceux de nos soldats qui, sous le ciel de la Syrie, succombent frappés du terrible fléau que le bon La Fontaine n'ose nommer que tout bas ; la peste est dans l'air ; les teintes livides de nos soldats contrastent avec la coloration accentuée des indigènes envoyés pour les secourir ; par l'énergique vérité du coloris, on sent qu'une chaleur insupportable accélère l'intensité des atteintes fatales ; l'ombre même que projettent les murailles semble n'être qu'un vain abri contre l'ardeur qui dévore ces malheureuses victimes.

La poésie de cette scène, éminemment dramatique, émeut & saisit :… & parmi ces beautés ainsi prodiguées par l'artiste, l'effet suprême est néanmoins réservé au groupe où domine le jeune général entouré de ses infortunés compagnons, qu'il console, encourage,… qu'il ne reverra plus !

Un si glorieux succès stimule, redouble l'ardeur de l'artiste ; à la *Peste de Jaffa* succède la *Victoire d'Aboukir*. Là, un ciel radieux éclaire comme à regret, de son resplendissant éclat, le drame sanglant des fureurs humaines. Le désespoir, la rage & l'héroïsme sont aux prises; les armes sillonnent l'air de sinistres lueurs; les chevaux hennissent sous une blanchissante écume; la richesse & l'étrangeté orientale des armes & du costume d'une partie des combattants, la diversité de races des deux armées, enfin tant de riches éléments de poétique coloris, sont compris avec génie, sentis avec passion, exécutés en maître.

Assistant ainsi avec quelque orgueil à cette brillante victoire, le spectateur ému, enthousiasmé, est tenté d'en partager la gloire entre nos vaillants guerriers & le noble artiste, qui, lui aussi, est le vainqueur d'Aboukir.

Cependant, après la désolation de Jaffa & la brillante page d'Aboukir, l'ardeur de nos soldats préparait les éléments de cette trilogie pittoresque que méditait le grand artiste.

C'est dans les vastes plaines d'Eylau que le

peintre, j'allais dire le poëte, nous montre, non la lutte gigantesque de cette terrible rencontre,—l'art y aurait-il suffi?—mais le repos sanglant du champ de bataille. Il a préféré fixer ainsi nos regards sur ces plaines silencieuses & funèbres, où déjà une neige abondante étend un immense linceul prêt à ensevelir ces bataillons hier si fiers, aujourd'hui tombés noblement la face vers l'ennemi ; les morts & les mourants laissent apercevoir leurs longues lignes, marquant de teintes lugubres le sol rougi çà & là... Cette fois la victoire ne se réjouit point de son triomphe ; elle est grave & solennelle ; le ciel est sombre : ses teintes noirâtres sont d'accord avec toute cette scène de deuil.

Dans cette belle peinture, l'artiste a su empreindre son coloris de l'austère caractère d'un tel sujet, & le rendre conforme à l'expression sublime du héros, déplorant, quoique vainqueur, le prix que coûte la gloire.

C'est ainsi que, sous le pinceau du génie, le coloris prend tous les tons & concourt puissamment à l'expression aussi bien qu'à la poésie du sujet.

Parfois, désirant varier & enrichir davantage les effets de coloration, ou rendre plus brillant encore l'aspect du *bouquet de couleurs,* le coloriste recherche le chatoiement des étoffes de soie à couleurs changeantes, les fortes & riches teintes des lumières singulières & inattendues du velours.

Mais une émotion nouvelle fait palpiter le cœur de l'artiste : la peinture monumentale en appelle à ses nobles pinceaux ! Tout d'abord il a compris que, pour s'élever jusqu'à la hauteur d'une telle mission, il doit bannir de sa palette toute brillante coquetterie ; la sobriété, l'unité du coloris, la simple austérité des tons suffisent à ces peintures. C'est l'imposante majesté de l'orgue succédant à la diversité des richesses de l'orchestre.

En d'autres termes, le peintre, fidèle à sa haute mission, comprend qu'en cette circonstance son but principal est moins de plaire aux yeux que de s'adresser à l'âme ; &, de même

que ses figures ne sont point les portraits de
tel ou tel homme, mais bien l'idéal d'un caractère déterminé, ses draperies ne doivent pas
être l'imitation de telle ou telle étoffe, mais
seulement des draperies dans le jet desquelles
il déploie le plus d'élégance & de dignité possible.

Toutefois, le coloriste ne se dissimule pas
l'imperfection des seuls moyens matériels dont
il peut disposer. Ne pouvant rivaliser d'éclat
& de lumière avec la nature, il a recours à de
certains sacrifices, à de certaines oppositions,
afin de rétablir le rapport des teintes. *La
peinture est un adroit mensonge, elle est suffisamment vraie dès qu'elle semble dire la
vérité, car l'illusion n'est point le véritable but
de l'art.* A l'aspect d'un tableau, ignore-t-on
que c'est l'œuvre de l'artiste que l'on considère? Et n'est-ce pas le sentiment, l'imagination, l'art enfin, qui sont les qualités que l'on
aime à y admirer?

Cependant l'impatiente ardeur du coloriste
se révolte contre les obstacles matériels qui

entravent son élan ; il ose alors exalter dans une gamme idéale la valeur, l'intensité de tous les tons du coloris qu'il a conçu. De ce moment, les teintes montées au plus haut degré possible de chaleur & de puissante coloration, baignées d'une atmosphère dorée, soutenues par des ombres énergiquement profondes, ces teintes produisent enfin une harmonie robuste, dont la vigueur absorberait tout autre tableau hasardé dans ce dangereux voisinage. L'*Enlèvement de Ganymède* & surtout l'*Assomption de la Vierge*, peintures dont s'enorgueillit Venise, sont de magnifiques exemples que donne Titien de cette transcendante hardiesse du coloris. En peinture, suivant Poussin, les couleurs sont comme les vers en poésie : ce sont les charmes que ces deux arts emploient pour persuader.

Le sujet que nous venons d'esquisser comporterait de longs développements, s'il s'agissait de le traiter dans son entière importance. Mais de tous les discours sur le coloris, il résulte une regrettable insuffisance, car c'est par les yeux que des observations sur le coloris doivent se communiquer à l'intelligence ; les paroles sont peu propres à représenter ce que, seuls, le sens délicat de la vision & le sentiment peuvent apprécier.

VII

DE LA PEINTURE DES VITRAUX

DE LA

PEINTURE DES VITRAUX

Pendant le siècle précédent, l'on a souvent
regretté, pour nos églises, l'abandon de l'art
de peindre sur verre; on disait même que le
secret en était perdu. Mais ce genre de peinture, essentiellement favorable à la décoration
des édifices religieux, était plutôt négligé
qu'abandonné. Dès que l'autorité, se rendant
au vœu général, excita l'émulation des artistes
& le zèle des savants, nous avons vu les baies
des églises ornées d'essais de plus en plus heureux, & une louable tendance à remettre en
honneur ce beau genre de peinture.

Longtemps le style particulier à l'architecture chrétienne, appelé gothique, était tombé en défaveur, lorsqu'au commencement du siècle présent des poëtes & de savants archéologues signalèrent au respect & à la faveur publique ces antiques sanctuaires de la foi chrétienne, auxquels se rattachent de graves souvenirs historiques. A ce double intérêt se joignit aussi l'attrait d'un art qui semblait nouveau, bien qu'en réalité ce ne fût qu'un juste retour au goût poétique & religieux des générations dont nous descendons. On ne peut qu'applaudir à cette pacifique réaction.

Pour rendre complétement hommage au style de nos anciens monuments religieux, il devint nécessaire que, entre autres ornements qui les caractérisent, on rendît aux baies les vitraux qui en sont l'ornementation obligée.

On chercha & l'on retrouva presque tous les procédés pratiques de ce genre de peinture. On présuma d'abord que l'invention de la peinture sur verre datait du XIIᵉ siècle; mais aujourd'hui, par des études plus approfondies,

& surtout d'après le témoignage de Grégoire de Tours, l'on reconnaît que les vitraux les plus anciens que le temps ait épargnés datent du viie siècle.

Lorsqu'à cette époque on commença à vitrer les églises, on dut sans doute recourir aux morceaux de verres coloriés, en vue de l'imitation de peintures en mosaïque. On ne tarda pas à représenter par ce moyen des emblèmes religieux, &, dans la suite, des figures de sainteté. Dès lors la peinture sur verre devint un art qui, par des progrès successifs, parvint à l'apogée de sa perfection au xvie siècle.

Les moyens les plus simples produisent parfois les plus grands effets. Ainsi le peintre verrier, procédant avec la série restreinte des trois couleurs primordiales : rouge, jaune, bleu, y ajouta le violet & le vert de deux nuances différentes, l'une foncée, l'autre claire, couleurs qui suffisent par leurs contrastes harmonieux aux brillants aspects des vitraux.

L'intelligente juxtaposition de verres d'une riche coloration, la simplicité de détails judi-

cieusement choisis & d'ombres réduites dans
leurs plus étroites limites, afin de ne point atténuer l'éclat des couleurs qui reposent ainsi sur
les plus grandes surfaces possible ; enfin le caractère noble & fier d'un dessin determiné par
l'enchâssure des joints de plomb, lesquels
produisent un vigoureux contour enveloppant
tous les objets représentés : tels sont les arti-
fices employés par le peintre verrier[1].

Aux exemples que lui offrait la fresque,
la peinture sur verre ajoutait l'avantage
de s'assimiler la splendeur même de la lumière du soleil & de la répandre sur toutes les nuances. Cette lumière passant à tra-
vers les saintes images faisait apparaître aux

1. Frappé de l'effet de ces belles peintures, Paul
Véronèse en sut reproduire les heureuses combinaisons dans ses propres chefs-d'œuvre. Ce grand maître fait ressortir la puissance du clair-obscur par
l'artifice des oppositions de tons diversement colorés
qui constituent l'aspect de ses tableaux ; merveilleux
coloris que l'on admire dans le tableau des *Noces
de Cana*.

yeux du peuple rassemblé dans les nefs, comme des visions célestes du paradis entr'ouvert. Dans cette contemplation, leurs yeux charmés transmettaient à l'âme de pieuses émotions. L'intelligence de tous pouvait facilement comprendre ces inscriptions religieuses, ainsi produites en langue universelle.

Tel est le degré d'élévation où parvint un art qui s'allie si bien à l'architecture religieuse. Mais plus tard il dévia de cette pureté traditionnelle, & les artistes, séduits par de prétendus progrès, se persuadèrent qu'ils surpassaient le mérite de leurs devanciers en s'efforçant de donner à ce genre de peinture la puissance de modelé & la précision d'imitation positive que l'on obtient de la peinture à l'huile. Par une telle erreur on oubliait qu'un vitrail a ses qualités propres & qu'on lui enlève son véritable caractère dès qu'on ose tenter de le faire rivaliser avec un art différent.

La décadence de la peinture sur verre commença du moment où l'on ne procéda plus avec la prudente réserve qui maintient en de justes limites les élans du génie. L'ambitieuse prétention des artistes les porta aux dangereux changements qui devaient substituer aux augustes fictions de graves & religieuses images, l'imitation positive de la réalité.

Pour obtenir le succès de ces regrettables effets, on recourut à tous les moyens artificiels, à toutes les ressources des procédés pratiques, mais on n'y parvint que faiblement.

De telles prétentions ont prouvé que le caractère particulier à la peinture des vitraux en était faussé, comme le témoignent deux verrières qui se voient dans l'église de Saint-Maclou, à Rouen. Rubens, tout en y marquant l'éminent talent qu'on admire dans ses œuvres, a eu le tort d'oublier que ce genre de peinture exigeait d'autres qualités.

Dès à présent des artistes d'un grand mérite prouvent, par leurs travaux, toute l'importance que ce beau genre de peinture ac-

quiert de nos jours, et nous ne doutons pas que
les occasions fréquentes de produire des peintures sur verre ne donnent lieu de louer des
œuvres dignes des artistes & de l'art.

VIII

DE L'ALLÉGORIE

DE L'ALLÉGORIE

Parfois on a dit de l'*allégorie :* c'est le génie de ceux qui n'en ont pas. Cette opinion ne saurait être fondée que sur l'abus qu'en ont pu faire des esprits froids qui, dénués de véritable inspiration, ont trouvé une poésie toute faite, & prodigué mal à propos la représentation de figures emblématiques, personnification des vices & des vertus, des grandes choses & des grands faits.

Par ignorance ou par impuissance, inhabiles à rendre intelligibles leurs compositions, ces peintres ne présentent généralement qu'une sorte d'énigme plus ou moins difficile à deviner, & par cela même dépourvue d'intérêt.

Mais il en est bien différemment des peintres qui, sachant faire avec succès des emprunts à la poésie, donnent un corps à des idées abstraites, & mettent en relief la beauté des formes, la variété des caractères, & enfin par les ressources de l'art obtiennent de ces images fictives le moyen d'exprimer avec autant de clarté que d'énergie une pensée poétique, en même temps qu'un enseignement moral.

L'Allégorie habite un palais diaphane,

dit Lemierre, dans son poëme de la *Peinture.* N'est-ce pas insinuer que, sous le voile d'une métaphore ingénieuse, l'art a la puissance d'exprimer une pensée profonde ou gracieuse, & toujours poétique ?

Les plus grands peintres ne se sont-ils pas plu à ce genre de composition si favorable aux brillantes imaginations ? Quels plus beaux exemples que ceux que l'on doit au génie de Raphaël, de Mantegna, de Poussin ? Lorsqu'on nous montre l'allégorie de la *Vérité*, rayonnante de lumière, accourant au secours de l'*Innocence opprimée*, composition célèbre où le génie d'Apelles & celui de Raphaël sont intimement unis; le *Temps* arrachant la *Vérité* à l'*Envie* & à la *Discorde*; la *Sagesse* victorieuse des *Vices*; l'image de la *Vie humaine* où Poussin captive si vivement l'attention & fait naître dans l'esprit une douce & philosophique mélancolie; enfin par tant d'autres compositions célèbres qui sont d'admirables exemples de l'allégorie, n'est-on pas fondé à dire que ce genre de peinture n'a été blâmé qu'en raison de l'insuffisance de conception de ceux qui ont fait abus des fictions qu'autorise l'allégorie?

C'est aussi pour célébrer la gloire d'un grand roi que les pinceaux de Lebrun prodiguent à l'envi les plus imposantes & les plus fastueuses allégories, peintures que l'on voit encore sur les voûtes du palais de Versailles.

Nous ne devons pas, malgré l'impossibilité de tout citer, négliger de rappeler ici cette scène si dramatique, d'un effet si pittoresque, retracée par notre contemporain Prud'hon : le *Crime poursuivi par la justice et par la vengeance divine.*

Ainsi une pensée forte, quelquefois une vérité hardie, ou bien une louange délicate, sont le point de départ du génie d'un grand peintre, c'est dire d'un grand poëte.

Les exemples que les grands maîtres nous ont laissés dans ce noble genre sont nombreux. Entre autres renseignements, nous y reconnaissons qu'ils en ont constamment puisé leurs types dans les modèles de l'antiquité. Inventer & multiplier de nouveaux symboles, n'est-ce pas révéler l'impuissance de savoir s'exprimer suffisamment avec ces poétiques fictions si riches & si variées, si connues, acceptées de tous, & en même temps si dignes par la noblesse de la forme de figurer dans les plus hautes conceptions de l'art?

Quant aux sujets qui se rattachent à notre foi religieuse, c'est évidemment conserver le même principe que d'admettre la personnification de l'Église, de la religion, des vertus chrétiennes, ou bien de la patrie, de l'héroïsme, etc., etc.; car, nous l'avons dit, pour les sujets qui admettent la présence des fictions de l'antiquité, il convient de rester fidèle aux types que l'art nous a transmis, & nous sommes dans le droit & le bon goût en osant, à notre tour, personnifier des symboles si respectables, dont il est d'ailleurs certain que le sens sera compris.

Parmi les grands maîtres, certes Rubens doit fixer l'attention; c'est même en raison de la grande autorité de son nom que nous croyons devoir signaler dans ses œuvres une hardiesse que nous considérons comme téméraire. Nous voulons parler de l'introduction systématique des figures allégoriques dans les diverses scènes de l'histoire de Marie de Médicis. On ne peut manquer en effet d'être étonné de l'étrangeté qui résulte de la présence de ces figures imaginaires si intimement liées à l'action de personnages de l'histoire moderne. Le goût & la raison se refusent à une pa-

reille alliance ; ces figures mythologiques, ainsi
mises en rapport immédiat avec des personnages d'une époque si différente, d'un costume
si opposé, forment une disparate que l'on par-
donne cependant en faveur de qualités éminentes d'art & d'invention ; on se laisse en-
traîner à accepter une telle licence malgré
l'abus qu'on y remarque. Imiter ces exemples
serait peut-être une grande témérité.

Nous pensons donc que l'allégorie doit être
de préférence traitée dans un sens absolu, afin
de respecter l'unité, cette loi nécessaire de
l'excellence de toute œuvre : l'allégorie devient
alors pour l'art une langue dont les poétiques
fictions frappent l'esprit par de nobles pensées,
enchantent le goût par l'idéal de la forme,
& ouvrent aux conceptions de l'artiste un vaste
champ dont les séductions pourraient l'égarer
si la raison ne le maintenait contre les écarts
de l'imagination.

IX

DU CARACTÈRE

DANS LES BEAUX ARTS

DU CARACTÉRE

L'heureuse alliance de l'esprit, du goût &
du talent concourt au mérite d'une œuvre
d'art ; mais pour atteindre à l'effet suprême
dont le sujet est susceptible, c'est le génie
seul qui peut concevoir le *caractère* qui en
marque & développe essentiellement l'aspect.

Signe distinctif d'une chose au moral
comme au physique, le caractère fait apprécier
les qualités & les défauts, les vertus & les
vices, enfin toutes les passions de la vie, dont
les nuances sont si variées & parfois si faciles

à confondre. Par exemple : timidité & fierté sont, dans le monde, souvent prises l'une pour l'autre ; mais l'observateur au tact pur, fin & délicat, ayant la juste appréciation des choses, ne s'y trompera pas ; un tel observateur possède alors ce qui ne s'apprend pas, il possède ce don inné qui fait le peintre de mœurs, le peintre de caractère.

L'étude est impuissante à donner la faculté de cette véritable & saine appréciation des choses, mais elle la perfectionne, car sans l'étude l'art n'existe pas.

Est-on appelé à rendre par les arts du dessin, des lettres ou de la parole, un *caractère* quelconque, c'est de ce signe distinctif & déterminant dont la nuance est souvent fugitive qu'il faut s'appliquer à empreindre son œuvre.

Ce sentiment particulier, à la fois délicat, fier ou énergique, c'est le sublime de l'art. C'est lui qui fait le grand artiste, car écrivain, orateur, poëte, musicien, compositeur, peintre ou statuaire, tous doivent être artistes du moment qu'il s'agit d'empreindre leur œuvre de cette éminente qualité qu'on nomme *caractère*.

Les caractères ont leurs degrés, & chaque degré a ses nuances toutes spéciales.

Corneille, Molière, sont peintres de caractère. Les passions que représente Corneille ont toutes la teinte locale qui leur est propre ; il sait être Grec, Romain, Espagnol ou Français quand il s'agit de l'être ; Molière caractérise d'une si énergique vérité les caractères qu'il met en scène, que leur personnification en est devenue proverbiale

Michel-Ange imprime à ses imposantes créations le caractère austère & fier qui lui est commun avec Dante.

Raphaël sait joindre au grandiose du caractère la grâce qui l'élève & l'embellit.

Léonard de Vinci pénètre les secrets de la physiognomonie, & son chef-d'œuvre de la *Cène* fait preuve du caractère philosophique de ce profond observateur.

Racine, poëte séduisant & divin écrivain, sait rendre dans un style admirable de pureté les passions de l'âme & du cœur. Mais soit grecques, ou romaines, ou turques, ces passions sont presque toujours de son pays & de son siècle.

Le caractère, dans la haute acception qu'on doit lui attribuer dans les Beaux-Arts, est donc le sommet vers lequel l'artiste doit diriger ses regards pour donner à son œuvre cette empreinte qui marque d'une incontestable supériorité l'œuvre digne de l'admiration générale.

X

LE SERMENT DES HORACES

SERMENT DES HORACES

L'exemple des grands artistes est un puissant stimulant pour ceux dont le cœur est susceptible d'être animé du beau feu de la gloire.

Louis David, le grand peintre, le régénérateur de l'école française, est le maître dont les œuvres & la docte parole ont rouvert la voie aux intelligences assez heureusement douées pour comprendre un tel maître & s'élever jusqu'à lui.

Dès sa jeunesse on le voit, dédaignant de frivoles dissipations, se livrer avec ardeur aux études sérieuses, se pénétrer des grands faits de l'histoire, s'inspirer des beautés des meilleurs poëtes. Par l'intelligente contemplation des œuvres des peintres célèbres, il s'applique à saisir les secrets d'une ordonnance pittoresque, il observe l'expression des caractères, & se pénètre de la dignité du style. A l'aspect des monuments antiques sa jeune imagination, frappée de leur beauté sévère, pressent déjà cette régénération qui devait caractériser les œuvres qu'il projetait. Il préludait ainsi à la transformation par laquelle il cherchait à s'affranchir de la fausse & funeste facilité qui, en général, dominait alors dans les errements de l'école.

Mais c'est à Rome que David devait réaliser ces vagues aspirations. Au sein des merveilles que renferme la ville éternelle, ébloui autant que ravi, il reconnaît qu'il ne sait rien, ou du moins il a le courage de vouloir oublier pour apprendre à nouveau. Le succès couronne ses efforts ; il entrevoit déjà la possibilité d'atteindre le but vers lequel il aspire. Dès lors,

marchant d'un pas ferme, on le voit montrer
une force intelligente, une volonté persévé-
rante, cachet de prédestination & résultat d'une
conviction profonde. Enfin, parvenu à se dé-
gager de la routine où naguère il errait encore, tandis que son esprit, remontant à la
source du vrai, guidait sa main incertaine, le
principe fondamental de l'art antique lui est
révélé, savoir : que le beau est inséparable du
vrai ; que le vrai, déchu de sa pureté origi-
nelle, a besoin d'être choisi & que, pour arriver à bien faire, il faut apprendre à bien
voir [1].

1. Rappelons en ce moment le souvenir des premiers temps de l'art italien ; on le voit d'abord soumis à l'influence des idées religieuses qui proscrivaient
alors toute beauté corporelle, comme entachée d'im-
pureté païenne. Vers le xvi° siècle, l'art se dégagea
enfin tout à fait des étroites entraves qui l'avaient
longtemps retenu à se complaire dans l'image d'un
âpre ascétisme, de scènes de douleur, de pénitence,
où le cilice & le suaire affligent la vue en attristant
l'esprit. Sous le règne du pape Léon X, l'art italien,
par d'heureux emprunts à la statuaire antique, parvint

Voilà le secret que David a su mettre en pratique. Ajoutons que le réformateur est d'autant plus grand qu'il arrivait de plus loin.

N'est-il pas équitable aussi de lui faire honneur de l'apparition merveilleuse sur le sol français de l'art grec, de la conquête pour notre pays du genre épique, genre inconnu jusqu'alors, depuis les anciens, & que David était destiné à immortaliser? A la gloire d'avoir ouvert cette carrière il joignit celle non moins grande de l'avoir brillamment parcourue.

Par ces faits incontestables, ne doit-on pas respect & reconnaissance à l'homme qui nous a ramenés ainsi aux grandes choses de l'art?... Et ne suffit-il pas de rappeler un si haut mérite, pour accepter franchement de justes cri-

à une perfection dont Raphaël est l'exemple suprême.

Suivant les mêmes errements, David a pu saisir dans l'art antique le caractère de dignité mâle & fière propre aux héros de l'histoire, s'ouvrant ainsi lui-même une voie nouvelle, dont il a su victorieusement atteindre le but.

tiques portant sur les défauts qui peuvent ternir l'éclat des œuvres du grand peintre? C'est le droit & le devoir du critique. Mais il serait injuste de poursuivre avec une passion haineuse, de déchirer, de nier une des gloires dont nous devons être le plus fiers !

Nous convenons donc que David, si grand qu'il soit, a pu faillir sous le poids de sa propre création, mais en bonne justice on n'est point autorisé pour cela à contester l'immense part de gloire qui lui est due.

Il serait assurément superflu de rappeler ici les œuvres de David : citons seulement le tableau du *Serment des Horaces,* parce qu'il touche particulièrement à notre sujet.

Lorsqu'en 1781 on vit à Rome le tableau du *Serment des Horaces,* cette création d'un caractère si nouveau & si véritablement antique frappa d'étonnement & transporta d'admiration les Italiens & les étrangers, qui tous enviaient à la France le bonheur de posséder un si grand peintre. En France, le succès de ce tableau fut tel, que son effet le plus immédiat fut un changement subit dans nos goûts, nos usages & nos habitudes. Dès ce moment d'enthousiasme général, tout fut nécessairement modifié dans nos ateliers, nos fabriques & notre industrie. Tout le monde voulut avoir des habitations, des ameublements, des costumes à l'antique, & cette révolution du goût transmise par tous les étrangers qui viennent chez nous prendre nos produits, notre ton & nos modes, devint bientôt universelle. Tel fut le succès mémorable de cette superbe peinture.

Mais, comme on ne le sait que trop chez nous, les choses tombent aussi vite qu'elles s'élèvent; il n'en demeure pas moins constant, quelle que soit d'ailleurs la mobilité de la mode, que de si prodigieux retentissements ne résultent d'ordinaire que de la puissante influence d'un grand talent.

Le défaut qui a pu exciter la sévérité de la critique, c'est la disposition théâtrale qu'on remarque dans les compositions de David. A cela nous répondrons que, dans les arts libéraux, le caractère du génie français exige d'abord l'éloquente signification intellectuelle jointe à la beauté de la forme.

C'est ce qu'on appelle aujourd'hui *école spiritualiste*, en opposition aux écoles réalistes. Or, pour nous, l'art étant un magnifique moyen d'exprimer les idées plutôt que de se borner à l'imitation pure & simple des objets, il en résulte que nous mettons plus de recherche au choix d'un sujet, plus d'importance à l'action, à la pantomime, au respect des convenances, à l'intérêt de situation, en un mot qu'en général nos œuvres sont plus dramatiques. Mais en peinture, du dramatique au théâtral il n'y a qu'un pas,... & l'artiste entraîné par le sujet peut aisément franchir cette délicate limite.

Malgré son éminente supériorité, David n'avait pas la conception prompte ; c'était par des tâtonnements vagues qu'il préludait à l'expression définitive de sa pensée. Pour lui la lumière ne se faisait que par degrés. Ainsi, un jour que l'un de ses élèves s'appliquait à reporter sur la toile le dessin de la figure de l'exécuteur qui, dans le tableau de la *Mort de Socrate*, présente la coupe de ciguë, il se trouva que par une erreur de mesure la main de Socrate ne rencontrait pas la coupe... David averti arrive, considère le prétendu défaut, cherche vers quelle partie il portera le changement; puis, tout à coup il s'écrie : « Eh non! c'est bien plus beau! Socrate va mourir, mais, tout à sa conviction de l'immortalité de l'âme, il ne porte qu'une main distraite vers la coupe fatale. »

Ce sont là de ces heureux hasards où, seul, le génie sait découvrir une beauté sublime.

Cependant, si l'on en croit quelques critiques, David aurait perverti l'école par une influence funeste imposée despotiquement. Ceux-là ignorent apparemment que, par amour pour son art, David avait refusé la suprême direction des Beaux-Arts, que lui offrit le premier consul: David ne voulait pas, disait-il, jouer le rôle de Ch. Lebrun jadis investi par Louis XIV de ce pouvoir absolu qui avait pesé sur les artistes contemporains. On sait d'ailleurs en

quelles mains ce pouvoir résida pendant le
Consulat & l'Empire (*M. Denon*). Néanmoins,
si l'on considère comme une influence imposée, irrésistible, cette respectueuse déférence
pour les conseils du grand artiste, cet empressement général à les recueillir, à les propager,... qu'on s'en prenne donc alors à l'enthousiasme qu'éprouvaient les artistes, qu'ils
fussent peintres, graveurs, statuaires ou architectes; car tous briguaient l'honneur d'un
encouragement auquel la justesse concise de la
parole ajoutait une si grande autorité [1].

1. Dans le vaste atelier que David occupait vers
1804 dans la chapelle du collège de Cluny, place
Sorbonne, quelques amateurs admis à y pénétrer ne
se lassaient pas d'admirer le tableau des *Sabines* & celui
de *Léonidas aux Thermopyles*. Dans son exaltation,
l'un des spectateurs proclame David l'égal de Raphaël.
Tressaillant aussitôt, David saisit un crayon & trace
rapidement les traits caractéristiques de l'admirable
figure de femme qui, dans le tableau de la *Transfiguration*, agenouillée devant les apôtres, leur indique
du geste le jeune possédé.

Se retournant alors : « Messieurs, dit-il, celui dont

Cette influence, acceptée de tous volontaire-
ment, en toute liberté, a-t-elle donc été aussi
funeste qu'on s'efforce de vouloir le persuader?... Comment! on lui doit Gérard, Gros,
Girodet, Hennequin, Isabey, Granet, Pagnest,
Léopold Robert, on peut même, sans blesser la
vérité, ajouter le nom de Guérin & d'autres
qu'il n'est pas encore permis de nommer ici ;
sont-ce donc là des victimes de cet enseignement prétendu fatal, tyrannique, absolu?...
Non assurément, car la diversité même de ces
beaux talents prouve que le maître savait discerner la vocation naturelle & particulière
de chacun de ses élèves, l'y encourager & en
déterminer le développement.

Et si, après avoir admiré dans les monuments publics les œuvres de ce grand artiste, on
considère dans les galeries, à l'École des Beaux-
Arts, la suite nombreuse des grands prix de

« le génie, entre autres chefs-d'œuvre, a su créer une
« telle figure, plane au-dessus de tous et ne connaît
« pas de rivaux possibles. »

Rome, les tableaux de Drouais, de Gauffier, de Fabre, de Girodet, de Bouillon, de Guérin, de Langlois, de Drolling, &c., &c., &c., l'on reconnaîtra avec justice les preuves éminentes du talent de ces jeunes artistes tous animés de l'exemple & de la parole du maître, lesquels sont autant de témoignages éloquents, & certainement irrécusables d'un enseignement dégagé de toute espèce de routine, d'un enseignement dirigé avec connaissance & amour des diverses beautés de l'art.

Pour stimuler davantage ceux de ses élèves qui montraient de réelles dispositions, le maître n'exprimait souvent qu'une partie de sa pensée, laissant aux efforts intelligents du jeune homme à découvrir plus tard & par lui-même le grand sens renfermé ainsi énigmatiquement dans ses paroles. D'autres fois, pour éprouver la constance de caractère de tel autre ayant faibli dans un concours, il lui déclarait qu'après un si mauvais ouvrage il l'engageait à abandonner l'étude de la peinture... Et de son œil pénétrant, abrité d'un épais sourcil, considérant la rougeur subite & l'indignation contenue par le respect empreinte sur le visage du jeune délinquant, il lui saisissait aussitôt la main, & d'un sourire bienveillant l'encourageait à prendre une prochaine revanche.

Enfin, le moyen infaillible de captiver son affection paternelle, c'était l'ardeur & les succès de l'émulation ; pour ceux-là, il lui arrivait parfois de les emmener au Musée ; ce n'était pas sans un certain étonnement que l'on voyait le peintre austère & fier, l'auteur d'œuvres du plus haut style, apprécier le mérite, admirer les beautés d'art de peintres tels que Van Ostade, Téniers, Rembrandt, &, parmi les peintres français, tels que Subleyras & autres, tous si opposés pourtant à son propre talent. David savait découvrir & goûter les diverses beautés de l'art, si cachées qu'elles fussent, tant il aimait tout ce qui est beau & tant il était loin d'être exclusif.

Sa parole toujours brève, mais remplie de sens, était écoutée religieusement, & son affection répondait au respect dont il savait ses élèves pénétrés pour sa personne.

A la grandeur, à la fierté de sa pensée sur l'art, dans ses entretiens avec ses élèves, il joignait la bonhomie de la forme ; ainsi, pendant son exil, les succès de ses derniers élèves l'intéressaient encore vivement ; à ceux de sa dernière *journée*, comme il disait familièrement, il écrivait souvent pour les encourager à soutenir de plus en plus l'honneur de l'école.

Voici une de ses lettres :

« Mon cher monsieur C.,

« Je trouve en partie les moyens de m'ac-
« quitter envers vous des marques d'atta-
« chement que vous m'avez souvent expri-
« mées ; je me sers de l'organe de deux
« habiles peintres, MM. Horace Vernet &
« Géricault, qui m'ont ravi de joie par leur
« présence. Ils sont venus à Bruxelles dans
« l'intention de m'embrasser. Nous avons bu à

« la santé de ceux de mes élèves qui n'ont ja-
« mais refroidi pour moi leur attachement
« filial. Vous êtes du nombre, mon ami, je ne
« dois pas en être surpris. Vous avez un bon
« cœur, j'en ai eu la preuve pour un de vos
« amis qui ne vit plus ; ce qui me convainc de
« plus en plus que les hommes reconnaissants
« sont ceux qui ont le plus de talent. Ne vous
« refroidissez pas, mon ami, vite un beau
« tableau.

« Votre ami,

« L. DAVID. »

L'illustre professeur se complaisait parfois à
s'exprimer en aphorismes ; car il voulait que
l'élève eût le mérite de conquérir lui-même
les secrets de son art, & il se bornait à lui in-
diquer avec une précision magistrale la route
à parcourir.

Un jour, le sujet des études étant une tête
peinte d'après nature, un des élèves, D.....g,
avait exécuté cette peinture avec une habi-

leté remarquable. David arrive, adressant à chacun les observations nécessaires ; il voit d'un coup d'œil que la peinture de D.....g a sans doute obtenu parmi ses camarades un grand succès. Pour donner à tous une leçon profitable, il loue d'abord le mérite *du coloris*, la *justesse du modelé*, la *facilité du pinceau*;... mais y remarquant l'absence de caractère, il dit : « Mon ami, regardez le modèle, ne voyez-vous pas dans ce jeune garçon un petit *Caligula*?... & vous en avez fait un *Nicolas !*... »

A tel autre, sur lequel il fondait de grandes espérances, il l'encourage pendant un certain temps, puis, jugeant le moment venu de le *lancer* plus haut, le félicite du talent dont il fait preuve, mais, tout en louant sa peinture, ajoute : « C'est à la *Gérard*; tout bien que cela soit, c'est *français*. » Persuadé que ces paroles du maître renferment un sens profond, l'élève s'applique à le pénétrer; il n'y parvient pas. Ses camarades, consultés, ne savent pas mieux deviner l'énigme... Les mois se suc-

cèdent & toujours mêmes paroles, même leçon du maître. Le désespoir s'emparait du
persévérant jeune homme, lorsque enfin, devant une nouvelle étude, le maître, montrant
un visage épanoui de satisfaction, s'écrie :
« A la bonne heure, ce n'est plus *français;*
c'est *italien!* »

Il agissait ainsi pour ses élèves de prédilection & veillait tellement à développer en eux
les qualités d'originalité qui pouvaient les distinguer, qu'il répétait selon l'occasion : « Ne
regardez ni à droite, ni à gauche, suivez l'impulsion de votre sentiment naturel, sans ris-
quer imprudemment d'y joindre des qualités
qui vous seraient étrangères & qui sont propres aux talents de vos émules. » D'autres
fois, prenant le crayon ou le pinceau, il disait : « Le chemin est long avec le précepte :
il est court avec l'exemple. » Puis il ajoutait :
« *Soyons vrai d'abord, beau ensuite.* » Il exigeait surtout le caractère du style.

Gros, son illustre élève, conservait un tel
culte pour la sagacité du maître, qu'il ne

manquait pas de citer son autorité dans l'enseignement qu'il professait à ses élèves & pour y donner une plus forte conviction : « M. David, disait-il, dans la circonstance présente, vous aurait fait telle ou telle observation. »

Ces rapides aperçus suffisent à redresser cette erreur que l'enseignement du maître aurait été funeste, & à faire reconnaître que David était aussi excellent professeur qu'il était grand peintre.

Mais ce discrédit qu'on s'est plu à jeter sur les œuvres du maître date déjà d'assez longtemps. Sous le dernier règne, lors d'une exposition rétrospective, un célèbre personnage qui avait alors en main la direction des Beaux-Arts, à la vue du tableau si justement renommé, la *Mort de Socrate*, dit avec dédain, en s'éloignant : « Est-il possible que l'on ait admiré cela ! »

Doit-on s'étonner que de telles paroles tombées de si haut aient porté fruit, & que naguère quelques jeunes artistes, dans la naïveté de leur bonne foi, ainsi autorisés à ne reconnaître à David ni *style*, ni *couleur*, ni *dessin*, aient cru cependant lui rendre quelque justice en convenant *modestement* que peut-être *eux-mêmes* n'auraient pas mieux fait dans ce temps-là.

L'immortalité de la gloire, ambitieuse espérance des grands hommes, n'est-elle donc qu'une illusion? Marc-Aurèle la définit : Un souvenir plus ou moins prolongé, qui, dans un temps donné, doit, allant de plus en plus s'effaçant, finir par tomber enfin en oubli.

Il est assurément superflu de défendre la juste renommée de notre éminent peintre. Ses œuvres sont, à nos yeux, le plus éloquent panégyrique, & la gloire de David, l'illustre régénérateur de l'école française, est un précieux héritage que nous léguons à la postérité.

XI

RAUCH, CHRISTIAN-DANIEL

RAUCH,

CHRISTIAN-DANIEL

L'amour des arts & des lettres établit des
rapports intimes entre ceux qui les cultivent,
en sorte que la gloire des plus illustres rejail-
lit sur tous. C'est pourquoi au groupe de nos
grands statuaires français nous joignons ici le
souvenir de **C.-D.** Rauch, une des illustra-
tions allemandes.

Rauch (Christian-Daniel), sculpteur allemand de premier ordre, naquit le 2 jan-
vier 1777, à Arolsen, résidence du prince de
Waldeck en Westphalie. Georges Rauch, son

père, homme instruit, mais peu favorisé de la fortune, ne négligea rien pour l'éducation de son enfant. Une vocation irrésistible révéla de bonne heure les brillantes aptitudes du jeune Christian pour la carrière qu'il devait si honorablement parcourir. Il se passionna pour le dessin & s'exerçait à des essais rudimentaires de sculpture, préférant, pendant les récréations que lui permettaient ses études classiques, manier l'ébauchoir & l'argile, à tous les plaisirs de son âge. A treize ans, il fut admis dans les ateliers de *maître* Valentin, sculpteur du prince de Waldeck. Après cinq ans d'apprentissage, le jeune élève, affranchi de cet *engagement,* éprouva le plus vif désir de se produire sur un plus grand théâtre. Son père consentit à l'envoyer à Cassel pour continuer ses études sous la direction du célèbre Ruhl, son ami, à qui il le recommanda. A la vue des importants travaux qui s'exécutaient dans les ateliers de son nouveau maître, Christian fut transporté d'ardeur; de prompts & surprenants progrès lui méritèrent l'honneur de coopérer, dans une certaine mesure, aux travaux dont Ruth était chargé. Dans cet élan d'un génie qui se développait, Christian fut tout à coup interrompu par la douloureuse nouvelle de la mort de son père. Il ne pouvait plus rester à Cassel, sa mère l'attendait à Berlin. Il partit, & ce fut avec un cœur bien affligé qu'il se vit contraint d'accepter un modeste emploi de valet de chambre à la cour, dans le service du roi & de la reine. Toutefois, l'amour qu'il ressentait pour son art ne se refroidit pas, malgré les obstacles qu'y apportait sa nouvelle position. Un jour, tandis qu'il modelait un buste avec une application extrême, il aperçoit la reine Louise, qui, sans manifester sa présence, considérait avec attention son travail. Rauch, confondu, balbutie de vagues excuses, mais la reine le rassure avec bonté ; elle admire la grâce, le talent dont cet ouvrage est empreint, & surtout la surprenante mémoire du jeune sculpteur ; car ce buste reproduisait la noble beauté de la reine elle-même. Dans sa clairvoyante géné-

rosité, la reine Louise, devinant le brillant
avenir du jeune Rauch, le débarrasse aussitôt
de tout service étranger à l'étude de son art.
Peu après le roi l'envoie comme pensionnaire
à Rome. Pénétré de reconnaissance, Rauch
arrive en Italie, cette patrie des arts, but où
tendaient tous ses vœux. L'enthousiasme du
jeune artiste fut à son comble lorsque enfin,
parvenu au terme de son voyage, Rome lui
apparut dans toute sa splendeur. Dès que les
premiers moments d'une exaltation bien naturelle furent un peu calmés, Rauch s'empressa
de se mettre à l'œuvre, &, dès 1803, la statue
d'*Endymion endormi* lui méritait des éloges
unanimes. Canova, Thorwaldsen, le traitaient
en confrère; Raphaël Mengs, Winkelmann,
Niebuhr, Louis Tieck, le baron de Humboldt,
alors ambassadeur à Rome, louaient à l'envi
leur jeune compatriote. Rauch dut ce prompt
succès à l'heureuse alliance de la vérité saisie
sur la nature & du choix de la forme, dont la
beauté conduit à l'idéal; il le dut aussi à la
grâce sans afféterie, enfin à un modelé sa-

vant, quoique simple en apparence, qualités précieuses qui distinguaient ce premier chef-d'œuvre du jeune statuaire allemand. Rauch passa six années à Rome, &, durant cet intervalle, les diverses œuvres qu'il produisit méritèrent la renommée qui les a rendues célèbres, grâce au sentiment exquis de son art, à la convenance parfaitement appropriée au sujet, enfin à l'élévation de la pensée qui domine dans toutes les conceptions de cet artiste. La mort prématurée de la généreuse reine Louise, arrivée en 1810, causa une affliction générale. Rauch en ressentit une profonde douleur; dans sa reconnaissance, il avait voué un culte éternel à sa royale bienfaitrice. Le roi Frédéric-Guillaume III, voulant élever un mausolée digne de l'illustre défunte, hésita d'abord entre Canova & Thorwaldsen, les deux plus célèbres statuaires d'alors; après une plus mûre réflexion, il préféra mettre ce monument au concours. Dès que Rauch l'eut appris, il partit en toute hâte pour Berlin, ne voulant pas laisser échapper une telle occasion de témoigner les sentiments dont il était pénétré. Le projet-modèle de Rauch réunit tous les suffrages; aussi l'exécution en marbre lui fut-elle confiée. Par une louable prudence d'artiste, Rauch se rendit à Charlottenbourg, là même où le roi avait décidé d'ériger le monument, afin d'y modeler tous les détails qui devaient en constituer l'ensemble. Ne voulant rien négliger de ce qui intéressait l'œuvre qu'il allait entreprendre, l'artiste se rendit à Carrare pour choisir lui-même le marbre qui lui paraîtrait le plus convenable. Rauch avait alors trente ans, &, dès qu'il fut installé à Rome, le jeune statuaire se livra avec une religieuse ardeur à la réalisation de sa pensée. Après trois années de travail assidu, le mausolée était terminé. Expédié pour Berlin au mois de septembre 1814, il n'y parvint cependant que dans le courant de 1815, par suite de vicissitudes imprévues. Ce chef-d'œuvre, admiré à Rome, plaçait désormais Rauch au premier rang des artistes. A Berlin le monument fut accueilli avec des

transports d'enthousiasme ; ne rappelait-il pas
en effet à tous la grâce, la douce & majestueuse beauté d'une reine dont le souvenir
vénéré était présent à tous les cœurs! Noblement posée sur un lit de repos, les mains
jointes sur son cœur, la reine semble à peine
sommeiller ; l'angélique sérénité du visage
témoigne de la pure candeur de son âme ; à
la fermeté d'un grand caractère tempérée par
la mansuétude, se joint la paix du pardon.
Par une nouvelle preuve d'un talent éminent,
Rauch venait d'opérer une régénération dans
l'art du statuaire. Les sculpteurs allemands
renoncèrent à leur habitude routinière & systématique, pour se livrer, à l'exemple de leur
maître, à la recherche du vrai, du simple, du
naturel, du beau. L'on ne s'avisa plus de représenter les personnages de notre époque, &
surtout les généraux, affublés d'un semblant
de costume antique, grec ou romain, &, ce qui
est pis encore, de les montrer dans la plus
complète nudité, sous le prétexte d'imiter en
cela les traditions de l'antiquité. Ce manque

de convenance, exorbitant déjà, a pourtant été dépassé chez une grande nation : croyant glorifier un de ses héros, notre contemporain, elle n'a pas craint de faire couler en bronze un des colosses de Monte-Cavallo, se bornant à surmonter ce *surmoulage* d'un buste à l'effigie de Wellington. Singulier spectacle en plein xixe siècle, rendu plus choquant par l'idée incroyable de représenter *nu*, de son vivant, un illustre personnage, & cela de la part d'un peuple qui affiche pour tout ce qui touche les mœurs & la décence une susceptibilité devenue proverbiale. Maintenant, on a restitué la tête antique à la statue grecque. Sur le piédestal, une inscription à la gloire de l'illustre général le célèbre comme l'Achille de l'Angleterre. C'est donc bien à Christian Rauch que revient l'honneur d'avoir ramené dans son pays le goût du naturel, du vrai, du convenable, en sachant parer toutefois, par une judicieuse habileté, à tout ce que notre costume moderne présente de peu favorable à la plastique.

Doué d'un génie fécond & d'une activité infatigable, Rauch, de 1819 à 1824, a produit un grand nombre de statues, de bustes & de bas-reliefs. Ses œuvres sont toutes empreintes d'un talent supérieur. Nous nous bornerons à rappeler les statues des généraux Scharnhorst, de Bulow, ainsi que celle de Blücher (à Breslau), & la statue équestre d'Alexandre Ier à Saint-Pétersbourg. Rauch, en 1826, revint sur un sujet qu'il avait précédemment traité; il chercha à rappeler avec un caractère plus accentué la victoire de Blücher. Cette fois, il donna à son œuvre des proportions colossales. Il représenta son héros, l'épée à la main, au moment de l'action, entraînant toute son armée sur ses pas. Les plis du manteau dont il est enveloppé semblent agités par la tempête, symbole de la terrible bataille qui s'apprête. Sur le piédestal sont deux lions; l'un est endormi, l'autre s'élance sur sa proie. Allusion ingénieuse & dont le sens n'échappera à personne. Cette statue est près du palais, à Berlin.

Vers cette époque, le roi de Bavière Lud-

wig commanda à Christian Rauch, pour la ville
de Munich, la statue colossale en bronze du
roi Maximilien son père, & six autres statues
également colossales, en marbre, représentant
les Victoires, pour la Walhalla de Ratisbonne[1],
ce temple érigé à toutes les gloires, de l'Allemagne.

Ces figures, du style le plus noble, peuvent
soutenir dignement la comparaison avec ce
que la statuaire antique nous a légué de plus
beau en ce genre.

On voit aussi des œuvres de Christian
Rauch à la Glyptothèque de Munich.

A la suite de ces travaux, il exécuta la statue de Luther pour la ville de Wittemberg;
celle de Kant pour la ville de Kœnigsberg; &
ce fut avec un sentiment tout particulier de
vénération qu'il fit celle d'Albert Dürer, dont
est justement fière Nuremberg, ville natale du
grand peintre de l'Allemagne.

1. Ce monument est une des plus belles conceptions du baron de Klenze, architecte du roi de Bavière.

Artiste infatigable, Rauch exécuta peu de temps après la statue de Frédéric Ier, pour Gusbinnen, &, pour la cathédrale de Posen, celle des fondateurs de la royauté polonaise Boleslas & Miecislas.

Nous mentionnerons comme une preuve de la variété & de la flexibilité du génie de Rauch une œuvre dont la grâce est touchante : nous voulons parler du mausolée de la petite princesse Élisabeth de Hesse - Darmstadt, morte à l'âge de six ans. La charmante enfant, endormie du sommeil éternel, tient d'une main une couronne à demi tressée & dans l'autre des fleurs. Il règne dans cette composition une poésie, une délicatesse de sentiment, qui en font une des plus ravissantes productions de l'habile statuaire.

Christian Rauch se voyait arrivé à l'apogée de la réputation & de la gloire ; son caractère n'en conserva pas moins une simplicité inaltérable. Comme Socrate, en effet, il pensait que ce que nous apprenons chaque jour nous révèle ce qu'il nous reste à acquérir dans la connaissance de la vérité des choses de la vie.

Un jour que ses amis lui vantaient le monument de la reine Louise à Charlottenbourg, auquel il avait dû sa renommée vingt ans auparavant : « C'est vrai, dit-il, ce n'était pas « mal pour un *débutant* : mais j'avais toujours « conservé l'espérance de mieux faire un « jour. » Puis il conduisit ses amis dans un atelier dont seul il possédait la clef.

Quel ne fut pas leur étonnement en se trouvant en présence d'une statue de la reine, bien supérieure, sous tous les rapports, à celle qu'ils venaient de louer si sincèrement! « Voilà, ajouta Rauch, le présent que je vais « supplier le roi de daigner accepter comme « témoignage de mon éternelle gratitude en-« vers la reine ma bienfaitrice. » Touché d'une si rare élévation de sentiments, le roi Guillaume accepta le cadeau que lui fit le grand artiste, & il ordonna que la statue fût immédiatement placée à Potsdam.

Rauch partageait naturellement l'admiration générale pour le *Moïse* de Michel-Ange;

seulement il admirait en grand artiste, appréciant vivement les vraies beautés de cette œuvre & ne se dissimulant pas les imperfections qu'elle pouvait présenter. Sous l'influence de cette préoccupation qui le dominait depuis longtemps, il se décida à aborder un sujet qui offrait un vaste champ à sa prédilection pour le grandiose du caractère & le sublime de la pensée. *Moïse soutenu par Aaron et Hur, tandis que, les bras étendus sur les guerriers d'Israël, il les bénit incessamment jusqu'à leur complète victoire sur les Amalécites :* tel fut le groupe qu'il entreprit d'exécuter. Il se flattait intérieurement de ne pas rester trop au-dessous de son illustre prédécesseur.

Déjà l'œuvre commençait à promettre de rares qualités ; l'artiste, puisant dans le sentiment intime de ses propres forces un courage incessant, se livrait avec ardeur à cette œuvre, lorsque survint un ordre du roi Frédéric-Guillaume, qui réclamait pour une manifestation éminemment nationale le concours du talent de Rauch.

La statue équestre de Frédéric le Grand était désirée & attendue à Berlin[1].

L'artiste ne pouvait manquer de répondre à cet appel; pour un cœur prussien, c'était un devoir & un honneur.

Rauch se mit au travail & acheva en 1851 cette statue, de proportion colossale. Elle fut transportée à Berlin, où, placée sur un bloc de granit, elle domine la grande place de la ville.

Frédéric, revêtu de son uniforme, a l'épée au côté & le bâton de commandement à la main. Sous son chapeau à trois cornes on croit voir, ombragé d'un puissant sourcil, cet œil d'aigle qui laisse deviner que ce corps si frêle en apparence est dominé par la force invincible d'une âme de géant. C'est la pensée que l'artiste s'est proposé d'exprimer & qu'il a su rendre avec la puissance d'un talent de premier ordre.

---

1. La statue a dix-sept pieds de hauteur, &, en y comprenant le piédestal, elle forme un ensemble d'environ quarante-trois pieds.

L'inauguration de ce monument eut lieu le 31 mai 1851.

Des milliers de personnes accourues de toutes les parties de la Prusse se pressaient autour de la statue encore voilée. Dès que le roi eut donné le signal, la statue, immédiatement découverte, excita une explosion d'applaudissements & des transports de patriotisme impossibles à décrire; la Prusse croyait revoir les beaux jours de sa gloire nationale, le souvenir de Rosbach & de Wolstadt se présentait vivace à l'imagination de toute cette multitude; l'aspect de cette imposante figure de leur grand roi les transportait d'enthousiasme.

Ce premier mouvement était à peine apaisé, quand tout à coup les acclamations reprirent leur énergie; les regards de la foule venaient de découvrir & de se fixer sur la noble figure d'un vieillard de haute stature, au maintien fier & modeste, dont le front élevé & puissant était couronné d'abondants cheveux, dont l'œil était plein de feu; tout indiquait l'illustre artiste, l'auteur du chef-d'œuvre sujet de ces ardentes émotions.

Ce fut un beau moment pour Rauch, car il partageait en quelque sorte l'ovation royale.

Le soir de ce jour mémorable, des chants se firent entendre au théâtre & provoquèrent de nouveau l'enthousiasme public. Ceux composés par le poëte Kopischen & Meyerbeer en l'honneur du célèbre statuaire furent chaudement applaudis. Rauch, invité à se rendre dans la loge royale, y reçut les éloges les plus flatteurs. Comme il se disposait à se retirer respectueusement, le roi le retint, & en présence de tous il embrassa l'homme de génie dont l'Allemagne était justement fière.

Rauch venait d'atteindre sa soixante-quinzième année, &, songeant toujours à terminer le groupe de *Moïse,* il se hâta de se rendre à Rome.

Là, des travaux qu'il ne put refuser par déférence le détournèrent une fois encore de son œuvre de prédilection. Mais une vie si active, un travail incessant, avaient fini par porter atteinte à la constitution physique, pourtant robuste, de Rauch ; le mal prit subitement un caractère alarmant ; les amis de l'illustre malade le décidèrent à quitter Rome & à aller respirer l'air natal. Christian Rauch obéit à regret. A peine arrivé à Dresde, la maladie fit de tels progrès que Christian Rauch, après une agonie cruelle, expira le 3 décembre 1857, dans sa quatre-vingtième année.

Son corps fut réclamé par la ville de Berlin, où de pompeuses funérailles témoignèrent de la haute estime de la Prusse pour son plus grand, son plus illustre artiste.

XII

DE L'INFLUENCE DE LA CRITIQUE

SUR LES BEAUX-ARTS

L'INFLUENCE DE LA CRITIQUE

SUR LES BEAUX-ARTS

Apprécier les choses de l'esprit & de l'art, c'est l'attribution spéciale du critique.

Pour accomplir cette grave mission, le respect de soi-même & le respect de l'art imposent également le devoir d'une judicieuse impartialité. Une saine critique éclaire, encourage, élève les intelligences vers les aspirations du *Vrai*, du *Bien*, du *Beau*.

S'il est juste de louer cette influence salutaire, l'intérêt de l'art exige aussi de signaler les dangers d'une critique erronée & passionnée.

Nous nous permettrons à ce sujet quelques rapides observations, nous confiant au talent de plus capables pour traiter *in extenso* cette question importante.

On ne saurait se défendre de réflexions affligeantes en voyant des écrivains, d'ailleurs d'une incontestable valeur, mais ne possédant que de faibles notions des Beaux-Arts, s'ériger en juges souverains & rendre des *arrêts* trop souvent hostiles sur les œuvres de leurs contemporains.

Pour conquérir cette autorité, ils se gardent de louer les œuvres consacrées par l'admiration générale; ce serait alors sembler n'avoir que l'esprit de tout le monde. Mais en affectant une sévérité rigoureuse, en frappant l'attention publique par l'étrangeté de nouveaux préceptes, en lançant les traits acérés de piquantes railleries, ces critiques humoristes parviennent au succès qu'ils ambitionnent: celui de régir le goût de la foule, en faisant triompher leurs théories subversives.

Devenus les dispensateurs du blâme ou de l'éloge, des adeptes illusionnés, ou peut-être intéressés aux succès faciles, s'empressent de se grouper auprès de ce nouveau pouvoir & de le soutenir de tous leurs efforts.

L'histoire constate ces phases de progrès ou de décadence, selon les diverses époques de civilisation. Il était fatalement réservé au régime de la Régence de présenter les effets de la pernicieuse influence du cynisme social.

La corruption des mœurs entraîna inévitablement la déchéance des arts.

L'on nia les facultés innées ; l'inspiration du *Beau*, cette divine intuition qui fait les élus de l'art; la noble sévérité du style ; le but moral; enfin les éminentes qualités dont les chefs-d'œuvre sont empreints, tout cela fut dédaigné. On ne considéra plus les Beaux-Arts comme l'expression des sentiments élevés de l'humanité, mais plutôt comme un sujet d'agréable distraction, de jouissances frivoles, ou, ce qui est pire, comme un stimulant à de licencieux instincts.

L'art déserta les voies du Beau, méconnut ses lois immuables, s'humilia devant le métier; l'esprit fut asservi à la matière; dès lors on assista à l'abaissement où il doit tomber, dès qu'il n'est plus moral ni dans l'esprit ni dans la forme.

Mais bientôt, lassé de ces honteuses aberrations, le principe divin de l'intelligence humaine reprit son empire, le goût public revint avec ardeur aux beautés morales exprimées par les beautés de l'art.

Cette régénération, nous la devons à ces illustres maîtres, nos devanciers immédiats, qui en sont la glorieuse personnification [1].

Dès ce moment, une docte critique fit pré-

1. David, Gros, Gérard, Girodet, Prud'hon, Hennequin, Guérin, &c.; Houdon, Julien, Roland, Pajou, Chaudet, Cartellier, Bosio ; Brongniart, Gondouin, Percier, Fontaine ; Monsigny, Grétry, Mehul, Chérubini, Boieldieu ; Chateaubriand, Chénier, Delille, Nep. Lemercier, Legouvé, Raynouard, &c., &c., &c.

valoir les beautés des chefs-d'œuvre & dé-
montra que l'art n'est point le jeu d'une fan-
tasque imagination individuelle, & que, jusque
dans ses hardiesses, il est le constant interprète des sentiments de tous. Par la poésie &
la musique, la peinture, la statuaire & l'architecture, l'art embellit même la vérité, étant de
son essence l'image ornée de la vie publique &
privée.

On reconnaît alors, & l'on y applaudit,
l'heureuse influence d'une critique éclairée,
attentive à soutenir les défaillances des uns, à
encourager les débuts des autres, mais toujours empressée à célébrer la gloire des illustres.

Le souvenir des appréciations que nous ont
laissées des écrivains plus ou moins rapprochés
de nos jours nous porte à citer plusieurs
d'entre eux.

Diderot, dans ses écrits intitulés *les Salons,*
témoigne d'une impressionnabilité vive à ressentir et à décrire les beautés de l'art.

Prompt à s'enthousiasmer pour les chefs-d'œuvre, parfois se moquant aimablement des erreurs ou des faiblesses, on le voit entraîné par un ardent désir de communiquer à tous la chaleur de son âme.

Pour lui, le sens ingénieux de cette fiction antique est incessamment présent : *Prométhée ravissant le feu du ciel pour en animer son œuvre d'argile :* c'est un symbole d'émulation pour quiconque aspire au succès de l'artiste.

Dans un élan d'enthousiasme, Diderot s'exprime ainsi : *S'il ne fallait, pour être artiste, que sentir vivement les beautés de la nature et de l'art, porter dans son sein un cœur tendre; avoir reçu une âme mobile au souffle le plus léger, être né celui que la vue ou la lecture d'une belle chose enivre, transporte, rend souverainement heureux.... je m'écrierais : Anch' io sono Pittore!* (Diderot, Salon de 1763.)

Assurément, Diderot prouve en cela une riche organisation d'artiste; mais, comme il le reconnaît lui-même, les procédés pratiques de l'art manquent à ses inspirations.

Plus près de notre temps, Landon, peintre,

ancien pensionnaire de l'école de France à Rome, a su prouver dans ses *Annales du Musée* & des *Expositions du Louvre*, la sûreté de goût qui le guidait dans ses appréciations. Ses connaissances positives de la peinture étaient pour lui un avantage dont sont ordinairement privés les critiques. Dans tout le cours de ses écrits, on remarque la constante & louable pensée de signaler les beautés des œuvres des maîtres anciens ou modernes, en vue de les présenter comme un puissant mobile d'émulation. Louant avec justice, adoucissant le blâme par la convenance courtoise des formes, une telle critique est bien près d'offrir les avantages qu'on a droit d'en attendre.

Ainsi que son émule Landon, Delécluze était peintre & en même temps possédait des connaissances générales sur les Beaux-Arts, en sorte que les œuvres de peinture, de sculpture, d'architecture & particulièrement de musique, ont été l'objet de ses judicieuses appréciations. Le calme de son caractère, la parfaite loyauté de ses principes, l'équitable impartialité de ses jugements, qualités essentielles d'une sage critique, le rendent recommandable. Toutefois, ses jugements où l'on rencontre la louange méritée ainsi qu'une sévérité modérée, laissent un regret : l'absence de sensation chaleureuse, de ce feu qu'il est bon de ressentir dans les appréciations du critique, pour répondre à l'ardeur que l'artiste a ressentie lui-même dans l'achèvement de son œuvre.

Tel n'est point Gustave Planche. Plus résolu dans ses jugements, rendus avec la précision d'un style nerveux, doué d'une intelligente pénétration des beautés de l'art, Gustave Planche eût sans doute été un excellent critique, si un esprit fâcheux & la prétention de conquérir une autorité sans appel ne l'avaient souvent entraîné à porter des jugements injustes & passionnés contre des talents admirés dont en secret il reconnaissait lui-même tout le mérite. Résister ainsi à l'opinion générale est sans doute un adroit moyen de se distinguer,

mais peu digne d'être imité. Nous nous faisons un devoir de rendre hommage au souvenir des critiques éclairés & désireux des
progrès de l'art, tels que l'ont été Marie
Boutard, Miel, Voïart, & même notre brillant
poëte Méry.

L'artiste fortement convaincu s'élève si haut
dans les inspirations du génie, que des at-
taques malveillantes ne peuvent l'atteindre;
mais il ne néglige point de mettre à profit
certains traits touchant juste, *en dépit de
l'acrimonie* dont ils sont marqués[1]. Toutefois,
c'est de la séduction d'éloges prodigués sans
discernement qu'il doit surtout se garder.

Égarés par ces perfides éloges, des artistes,
d'ailleurs tentés par l'attrait d'une voie nouvelle, se complaisent à ne s'attacher qu'au mérite d'une habile exécution. Ils professent un
superbe dédain pour la puissance d'exprimer
des idées pieuses, morales ou généreuses.

1. Horace Vernet disait : « Je veux être critiqué,
moi : si la critique est juste, elle m'éclaire ; si elle es
injuste, j'en sens doubler mes forces. »

Malgré leur opinion, c'est assurément ce que l'âme attend des hautes conceptions de l'art. Pour ceux-là, disons-nous, l'éloquence de l'image s'arrête à la satisfaction des sens de la *vue* ou de l'*ouïe!*... Le cœur, l'âme, restent impassibles devant des œuvres dont le mérite est ainsi renfermé dans le côté sensuel de l'art.

C'est en de si regrettables circonstances que le critique clairvoyant remplit son devoir en stigmatisant ces hérésies dangereuses. L'influence de la critique sur les Beaux-Arts est donc incontestable. Chez nous, dans la société moderne composée d'hommes affairés, le loisir manque pour bien apprécier les choses de l'art; le public se soumet facilement à la direction que lui impose un critique plus ou moins éclairé, plus ou moins sincère, & d'ailleurs, cédant à son penchant vers l'attrait de sensations inattendues, il subit l'influence de qui sait le dominer à cet égard.

Dans l'antiquité, dans Athènes, à Corinthe, à Syracuse, l'élite des citoyens, affranchis des préoccupations de la vie intérieure, jouissaient du privilége de développer, de perfectionner en eux le goût des arts & des lettres. Ils étaient ainsi eux-mêmes d'excellents juges des œuvres du génie, & la critique, d'accord avec l'esprit général, n'avait guère alors qu'à constater, à résumer l'opinion publique; on eût fait prompte justice d'un imprudent Zoïle.

Nous avons fait observer l'influence certaine de la critique sur l'esprit des masses & par conséquent aussi sur la marche de l'art, en raison de la corrélation réciproque des inspirations de l'artiste & du goût du public, ce maître souverain du succès ; c'est ce qui se voit ordinairement, à moins qu'une œuvre magistrale n'apparaisse soudainement, n'enlève tous les suffrages, n'impose l'admiration.

Ces variables impressions du public se communiquent promptement jusqu'au pouvoir souverain. L'autorité croit y reconnaître cette apparente vérité : *vox populi, vox Dei*. Adoptant aussitôt les idées dont on le persuade, le pouvoir, quel qu'il soit, cédant à ces im-

pressions, dispense les faveurs & les encoura-
gements.

Selon le caractère des circonstances, le bien
ou le mal ressort de ce fait.

L'histoire nous l'enseigne : si le souverain
pouvoir comprend la portée civilisatrice attri-
buée aux Beaux-Arts, s'il y voit la gloire d'un
peuple, en même temps qu'un salutaire auxiliaire de sa juste autorité, s'il y joint son propre penchant pour les beautés des arts & des
lettres, c'est de haut alors que l'impulsion est
donnée. Le génie désormais assuré d'être compris, justement honoré, électrisé par de glorieux succès, concourt à l'éclat d'une époque
autant qu'à l'éclat d'un règne.

Dignes sujets d'émulation pour la postérité,
ces rayonnements de civilisation intelligente
sont la gloire du siècle de Périclès, du siècle
de Léon X, du siècle de Louis XIV.

Ainsi les Beaux-Arts, loin de n'être qu'une
séduisante superfétation dans l'ordre social,
comme le prétendent des esprits étroits, sont
un puissant ressort de développement des meil-

leurs instincts humains. L'on peut hardiment
affirmer que les phases d'élévation ou d'abaissement des arts & des lettres sont un indice
certain du degré moral de civilisation des
peuples, & par conséquent de la part de renommée que l'histoire leur réserve.

XIII

ÉTUDE SUR L'OUVRAGE

DE

M. LE DOCTEUR DUCHENNE

(DE BOULOGNE)

intitulé

MÉCANISME DE LA PHYSIONOMIE HUMAINE

ÉTUDE SUR L'OUVRAGE

DE

M. LE DOCTEUR DUCHENNE

(DE BOULOGNE)

intitulé

MÉCANISME DE LA PHYSIONOMIE HUMAINE

Dès son apparition dans le monde savant l'ouvrage intitulé : *Analyse électro-physiologique de l'expression des passions*, dont **M.** le docteur Duchenne (de Boulogne) vient d'enrichir la science, a justement fixé l'attention des physiologistes & des artistes. C'est donc au point de vue de l'art que nous analyserons ce travail remarquable.

Dans un article inséré dans le *Journal des*

Débats du 29 août, **M.** le docteur Cerise prouve, par une parfaite analyse, qu'à l'éminent mérite de cet ouvrage sous le rapport scientifique se joint aussi l'avantage de son application aux Beaux-Arts. Pour notre part, nous donnons une entière approbation à de nombreux passages de cet excellent article.

Il est incontestable que la science de l'*ostéologie* & celle de la *myologie* secondent puissamment le peintre ou le statuaire pour traduire avec une justesse rigoureuse la forme des attaches & le jeu des muscles dans les diverses circonstances d'une action donnée. Si les intéressants phénomènes qui se produisent ainsi à la surface du corps humain sont un important sujet d'étude pour l'artiste, à plus forte raison *l'expression des sentiments du cœur, les nuances infiniment délicates de l'esprit et surtout l'émotion produite par les passions de l'âme,* doivent-elles être le but suprême de ses efforts; car, ainsi qu'on l'a dit, la plus excellente des conditions de l'art, c'est l'ensemble des moyens qui servent à propager

sympathiquement les sentiments humains. Pénétré de cette vérité, l'auteur s'est en même
temps préoccupé de la science & de l'art.

Poursuivant avec constance les expériences
d'où sont sorties de lumineuses démonstrations & même des découvertes physiologiques,
le savant docteur dévoile le mystérieux mécanisme des muscles de la *face*; il initie l'artiste
aux causes de ses merveilleux résultats, car
de tels essais sur le *sujet vivant* le font assister
à l'admirable concours de l'action des muscles, ces fidèles interprètes des impressions de
l'âme.

Voilà ce que l'auteur appelle avec raison
l'orthographe *de la physionomie en mouvement.*

Au moyen d'un *excitateur électrique* appli-
qué avec une délicate justesse sur le *filet nerveux* de tel ou tel muscle, on le voit à l'instant
entrer en action; alors se produit artificiel-
lement l'expression qui, dans la nature, eût
résulté d'une émotion analogue à celle que
lui imprime la volonté du physiologiste, à

l'insu même de la personne soumise à son expérience.

Les nombreuses figures photographiées que
M. Duchenne a jointes à son ouvrage servent
à justifier nos réflexions.

Ainsi, par une étude continue, une sagacité
rare, une judicieuse observation des phénomènes expressifs de l'âme, & doué d'un certain sentiment dramatique, le savant docteur
démontre jusqu'à l'évidence la justesse des résultats de ses observations.

Il ne nous appartient pas d'apprécier les savantes recherches qui ont conduit le physiologiste à la solution des problèmes qu'il s'était
posés, ni de signaler ses découvertes de muscles de la face, dont on lui est redevable &
qu'on avait jusqu'alors confondus en un seul;
nous ne parlerons pas davantage de cet *appa-
reil de filets nerveux,* dédale physiologique
dans lequel M. Duchenne sait discerner avec
une surprenante pénétration celui des nerfs
qu'il s'agit d'exciter... Des hommes plus com-
pétents en ont instruit le public. Mais qu'il

nous soit permis de féliciter l'auteur de l'*Analyse électro-physiologique*, qui, par cette application de la science aux Beaux-Arts, a réalisé la bonne pensée de nous initier aux causes qui produisent les phénomènes si complexes de l'expression du visage de l'homme ; d'avoir déterminé d'une manière si frappante le point dominant que manifeste toute sensation, afin de faire ressortir l'espèce de rayonnement que, par analogie, on peut comparer à celui qui résulte de la *juxtaposition* des couleurs, d'où résulte l'illusion produite par le contraste des nuances. Ainsi, en effet, le siége de l'expression étant marqué, soit dans le regard, soit dans le mouvement de la bouche, les autres parties du visage, quoique en apparence restées dans leur état normal, n'en sembleront pas moins participer au mouvement général.

Bien que le véritable artiste possède, comme par intuition, le sentiment intime des diverses émotions de l'âme, & qu'il soit capable d'en exprimer le caractère, — les chefs-d'œuvre des maîtres le prouvent, il n'en demeure pas moins incontestable que loin de nuire aux libres élans de l'imagination & du génie de l'artiste, comme quelques personnes pourraient peut-être le prétendre, la science au contraire, en le garantissant contre de notables erreurs, donne ainsi un salutaire appui à l'art.

On sait que dès l'antiquité ces questions furent effleurées : mais c'est de nos jours surtout que Della Porta, Lavater, Gall, Spurzheim, Charles Bell, Camper & d'autres ont ouvert un vaste champ à l'étude des variétés & des caractères de la configuration humaine, sous le rapport de la *physiologie* & de la *physiognomonie*. Par ses récentes découvertes, M. le docteur Duchenne (de Boulogne), à l'exemple de ses illustres devanciers, offre un nouveau sujet d'étude très-digne des méditations du savant & de l'artiste.

Nous venons de citer un remarquable ouvrage dont les observations physiognomoniques ont un caractère de connexité avec celles que l'artiste recueille lui même sur la nature vivante, & dont le souvenir, joint à ses facultés natives, le rendent apte à en faire briller les effets dans les œuvres qu'il médite.

La face humaine, immédiat interprète des émotions de l'âme, les signale avec plus de précision que les autres parties du corps. Mais l'attitude, le geste, la main, la couleur, tout dans l'être humain concourt à révéler la situation morale dont il est ému.

Pour le peintre d'histoire rien n'est à négliger pour atteindre son but, qui est de nous émouvoir ou pour le moins de nous intéresser. La beauté du caractère, la convenance de la scène, l'effet de la lumière & du coloris, & même les accessoires, tout doit concourir à l'impression qu'il désire produire en vivifiant ainsi son œuvre.

Le poëte, le musicien-compositeur & leurs interprètes sur la scène ou dans l'orchestre, le peintre, le statuaire, l'architecte, enfin tout artiste animé de l'amour de son art & convaincu de la portée morale des Beaux-Arts doit s'appliquer à produire des œuvres empreintes de l'animation expressive, poétique & morale, suprême mérite des chefs-d'œuvre.

La statuaire, plus restreinte en elle-même, ne peut étendre ses conceptions jusqu'à ces multiples effets; mais par l'auguste caractère & la majesté de la forme, par la perfection du goût, la gracieuse élégance & la noble simplicité de l'aspect général, elle captive, elle pénètre l'âme du spectateur en provoquant en lui une juste admiration.

Les monuments de la statuaire antique sont d'admirables exemples de ces perfections. Chez les Grecs le culte de la beauté était si général, que dans les œuvres d'art on préférait atténuer l'énergie de l'expression, afin de conserver la parfaite pureté de cette beauté qui réside dans le calme de l'âme. D'ailleurs, la statuaire était spécialement destinée à présenter à l'adoration publique l'imposante & majestueuse image des puissances de l'Olympe, dont la sérénité divine était supposée supérieure aux passions humaines. Ces données religieuses imposées au génie de l'artiste l'excitaient à

produire des œuvres dignes du sanctuaire des
temples, où dès lors on leur attribuait un caractère sacré.

Cette réserve, cette gravité d'expression
ainsi motivée, se reproduisait naturellement
dans les images des héros & des demi-dieux.
Le groupe célèbre de *Niobé* & de ses enfants
en est un grand exemple : cette mère entourée
de ses enfants mortellement frappés des flèches
d'Apollon & de Diane n'exprime, dans une situation si éminemment tragique, tout au plus
qu'un sentiment de tristesse, à peine celui
d'une douloureuse émotion! Sans doute le statuaire a fait en cela ce qu'il devait faire ; la
résignation aux décrets du destin en serait la
raison morale, & le respect des lois du beau en
serait peut-être aussi la principale.

On pourrait opposer entre autres l'exemple
du *Laocoon;* mais cette antique célèbre est
présumée dater du règne de l'empereur Adrien.
Elle serait donc une répétition libre, exécutée
d'après le groupe original que l'on admirait
à Rome du temps d'Auguste, & qui in-

spira à Virgile l'épisode connu de son *Énéide*.

On connaît une tête antique qui se voit à Bruxelles dans la galerie du prince d'Arenberg ; cette tête est peut-être un fragment du groupe original. Le caractère, le style, le *faire*, l'expression, semblent confirmer cette opinion.

Nous n'avons garde, assurément, d'oser blâmer à ce sujet les admirables monuments de l'art antique. Ils sont & doivent être l'objet de nos constantes études, car ils abondent en précieux enseignements. Rendons hommage à ces chefs-d'œuvre qui répondaient si bien aux idées morales & religieuses de l'antiquité. Nous faisons seulement observer que par la même raison, nous, peuples de civilisation moderne, nous avons droit aussi d'exiger que les Beaux-Arts répondent aux sentiments que nous inspirent notre culte, nos institutions, nos usages. Nous pensons que tout en admirant les anciens, en les imitant même dans les beautés de la forme, nous ne devons pas sacrifier, par une admiration trop exaltée, le caractère

propre à notre civilisation, & que c'est imiter
le plus parfaitement ces génies de l'antiquité,
si nous nous appliquons, ainsi qu'ils l'ont fait,
à rendre les Beaux-Arts les éloquents interprètes des nobles aspirations qui nous caractérisent.

Pour nous, l'intérêt dramatique de la scène,
l'expression des mouvements de l'âme, l'éloquence d'une poésie passionnée, sont assurément le principal intérêt que nous recherchons
dans les œuvres de tous les arts libéraux. Il
ne faut donc pas emprunter à l'antiquité un
système d'expression restreinte qui nous est
étranger.

L'art puisant dans la nature ses plus
excellentes inspirations, quel peintre, quel
poëte n'a pas été touché jusqu'aux larmes à
l'aspect de cette beauté transcendante que
l'âme répand sur la face humaine dans les
situations extrêmes de la vie? Qui donc n'a
pas admiré ces émotions dont s'illumine le beau
visage d'un être doué d'une âme élevée, alors
qu'une immense catastrophe amène le déses-

poir[1]? Quel peintre craindrait d'exprimer sur les nobles traits de la Vierge-Mère la douleur navrante qu'elle éprouve à l'aspect du martyre de son divin Fils?

Il serait évidemment superflu de joindre ici notre admiration à celle de tout le monde pour les chefs-d'œuvre de l'art antique. Nous voulons seulement établir que, par suite des modifications apportées dans la société moderne par les siècles, par la religion & la civilisation, on est en droit d'exiger que, à l'exemple des beaux temps de l'antiquité, les arts soient chez nous l'expression des mœurs de notre époque. En outre de la gravité de nos croyances, nous avons, ainsi que les anciens, des légendes intéressantes, poétiques même. Rien de plus juste que l'art s'en empare, comme l'ont fait nos prédécesseurs de l'antiquité.

1. En diverses circonstances de la vie, n'avons-nous pas remarqué la transformation de merveilleuse beauté qui se produit sur un visage en dépit même de sa laideur, dès qu'une émotion subite émeut fortement son âme?

Chez les anciens, à la juste admiration qu'excitaient en eux les perfections de l'art se joignait l'intime conviction de la présence du Dieu dans les images qui le représentaient; le populaire était à ce point imbu de ces illusions, que des auteurs rapportent des légendes qui avaient cours parmi les Grecs au sujet de statues si parfaites & si vivantes, qu'on les voyait la nuit descendre de leur piédestal pour aller se baigner à la source voisine, faire le tour de la maison, afin de la protéger contre les maraudeurs, puis reprenaient leur place à l'arrivée de l'aurore.

Qu'il nous soit permis de produire à ce sujet une observation que nous croyons fondée.

Si, dans l'antiquité, nos maîtres inimitables ont dû obéir à l'impulsion des croyances de leur temps, il n'en est pas de même pour nous, pénétrés que nous sommes des lumières du christianisme, &, d'ailleurs, de mœurs & d'idées si différentes. Si nous admirons l'incontestable supériorité des beautés de l'antique, si nous avons toute raison d'y puiser les excellentes leçons que nous offrent de tels exemples, est-il également louable de reproduire des imitations presque identiques de ces monuments? Pour nous, ces nymphes, ces héros, ces demi-dieux, ne présentent à nos yeux dans les reproductions modernes que le talent de l'artiste, car par leurs sujets ces ressouvenirs de l'antiquité artistique n'ont point absolument une raison d'être à notre époque, & ne prouvent autre chose que le culte de l'art pour l'art; mais, nous l'avons dit, il y manque l'application directe. Ainsi que les anciens, n'avons-nous pas le même stimulant, la religion, la patrie, les vertus civiques, celles de la famille, & enfin les grâces poétiques? Germain Pilon, Jean Goujon, Coustou, Puget & d'autres bien connus, sont de dignes exemples de l'art moderne librement inspiré [1].

Nous conviendrons que la poésie ne peut

---

1. La statue de Bossuet par Pajou; celle de Voltaire par Houdon; celle de *la Baigneuse* par Julien:

guère se dispenser d'emprunter à la mytholo-
gie les ingénieux emblèmes, les poétiques
fictions, qui, sous les plus nobles formes,
expriment d'un trait les plus brillantes pensées ; la statuaire subit aussi le charme de ces
beautés du corps humain que les anciens ont
su porter jusqu'à l'idéal. Mais en cela les
anciens parlaient une langue comprise de leurs
contemporains, tandis que de notre temps
ces beautés du *nu* sont peu connues d'un public qui ne les voit presque jamais en réalité ;
il en est de même des recherches de costumes, d'allusions aux usages antiques, voire
même encore de caractère archaïque. Tout

le *Groupe de Guerriers* par Rude ; la statue du Puget
par L. Després ; celle de Shakspeare, qui se voit au
British Museum, par Jean-François Roubillac ; toutes
les figures dont Rauch a décoré le monument du grand
Frédéric ; enfin le succès des autres monuments en
ce genre que nous devons au talent de nos statuaires
contemporains : tout cela prouve suffisamment à
quel point la statuaire devient éloquente pour nous,
dès qu'elle s'adresse à nos mœurs, à nos sentiments,
à notre civilisation.

cela présente des résultats savants & appréciables par le petit nombre des initiés, mais la majorité du public n'y voit guère que des énigmes dont il est difficile de pénétrer le sens.

XIV

LES AMATEURS

LES AMATEURS

Aimer les arts, c'est en comprendre & sentir les beautés. Il est donc tout naturel que des rapports d'affectueuse sympathie s'établissent entre les amateurs & les artistes.

Les hommes qui, par un discernement vif & délicat, net & précis du beau, exercent une certaine influence sur les artistes en même temps qu'eux-mêmes en reçoivent des lumières qui développent leur aptitude à bien apprécier les œuvres d'art, ceux-là sont les *amateurs*.

Pour être amateur véritable, il ne suffit pas

d'un simple goût pour les Beaux-Arts; bien que n'étant pas lui-même artiste, l'amateur recueille beaucoup de connaissances théoriques par la comparaison d'œuvres diverses, & c'est ainsi qu'il devient capable de discerner le bon du mauvais ou du médiocre. Il acquiert alors un coup d'œil assez exercé pour distinguer les époques, les diverses écoles auxquelles appartiennent les productions du pinceau, celles du ciseau ou du burin.

Les goûts & les connaissances qui caractérisent un amateur exigent ordinairement du loisir & de la fortune; il est rare, en effet, que l'habitude de discerner & d'admirer de belles choses ne fasse pas naître le désir de les posséder; aussi, presque tous ceux qui ont laissé une réputation d'amateurs distingués ont-ils formé des collections plus ou moins remarquables, qui témoignent par le choix des objets du goût & du mérite de leur auteur.

Le véritable amateur de peinture s'appliquera donc moins à réunir un grand nombre de tableaux, qu'à en posséder quelques-uns

du premier ordre. Sa galerie sera pour les artistes, pour les connaisseurs & pour lui-même
une source intarissable d'étude & de méditations.

Dans son ardent amour pour les objets de
sa prédilection, rencontre-t-il un jeune artiste
doué d'heureuses dispositions, mais peu favorisé de la fortune, il n'hésite pas à l'aider de
sa bourse, à l'éclairer de ses conseils, & à lui
ouvrir ainsi la voie qui conduit au succès.

Si une galerie de tableaux peut montrer
quel est le but que chaque peintre s'est proposé, une collection formée par l'amateur de
dessins fait voir les moyens que le peintre a
employés pour y parvenir. En examinant un
dessin, nous sommes initiés à la pensée intime
du maître, nous voyons toute la série d'études
par laquelle il a dû passer pour arriver enfin
à produire un chef-d'œuvre. Ces études pro-
gressives, communiquées aux jeunes artistes,
les éclairent dans la route qu'ils doivent suivre
& deviennent pour eux des exemples sur lesquels ils doivent toujours avoir les yeux fixés.

L'amateur satisfait à ses goûts selon ses prédilections; les œuvres de sculpture, les bronzes antiques, les médailles, les estampes rares, sont, avec les tableaux & les dessins, les objets offerts à l'admiration des connaisseurs qu'il admet dans ce sanctuaire des arts.

Pour d'autres amateurs, c'est à leur goût délicat, à leur expérience des choses de l'art, à leur intelligence éclairée, que l'artiste accorde une certaine autorité qui fait rechercher leur approbation & leurs conseils.

Il est des amateurs qui se passionnent pour les magnificences théâtrales; la musique, la danse, excitent leur enthousiasme; ou bien la gravité tragique, ou la spirituelle philosophie de la comédie, se réunissent pour captiver leur attention. Dans toutes ces situations, on voit l'amateur animé incessamment d'une louable ardeur pour les Beaux-Arts, & s'appliquer par d'éloquentes paroles à maintenir parmi les gens du monde le goût du Beau.

Passionné pour les Beaux-Arts, l'amateur cède au désir de jouir aussi du bonheur de produire. C'est auprès de ses amis artistes qu'il s'empresse de se faire initier aux secrets des procédés pratiques. Aussitôt il invoque le secours du pinceau, du ciseau ou du burin. Souvent le succès répond à ses efforts, dont les résultats, sans s'élever jusqu'à rivaliser avec les œuvres des grands artistes, révèlent néanmoins un sentiment délicat de l'art, parfois même d'heureuses inspirations.

Si, pour la peinture, la statuaire, l'architecture, on compte nombre d'amateurs, l'art musical aussi, par son charme entraînant, excite & passionne ses enthousiastes *dilettanti*.

Il y a plusieurs sortes d'amateurs de musique. Il y a d'abord, si l'on peut s'exprimer ainsi, l'*amateur passif* & l'*amateur actif*.

L'amateur passif est celui qui aime à entendre la musique; il fréquente les théâtres lyriques & se montre assidu aux concerts. Il est ordinairement exclusif, & concentre toute son admiration sur un seul genre de musique.

S'il a fixé son choix sur la musique allemande, italienne ou française, il reste indifférent & froid pour toute musique qui n'est pas strictement dans le genre qu'il affectionne.

Il ne faut pas lui parler de Beethoven s'il est admirateur de Cimarosa, ni de musique théâtrale s'il est voué à la musique religieuse. Ce n'est pas toujours, comme on pourrait le croire, un parti pris d'avance; c'est souvent une conviction sincère; c'est quelquefois aussi le résultat d'études incomplètes qui donnent à l'*amateur* demi-savant un peu d'orgueil & beaucoup de confiance. Souvent aussi les premières émotions que l'art a fait éprouver dans la jeunesse ont épuisé la dose de sensibilité ou d'intelligence musicale en laissant dans l'esprit une trace profonde; & le souvenir de ces premières émotions, souvenir qui ne s'efface jamais, ferme absolument le chemin à de nouvelles impressions. On rencontre souvent chez les vieillards cette espèce de reconnaissance dont cependant ils ne se rendent pas compte; elle se fortifie avec les années & les fait vivre sous un charme perpétuel : l'art est fini malheureusement pour eux, il s'arrête avec leur souvenir, & ne peut leur offrir rien de pareil à ce qu'ils éprouvaient lorsqu'ils avaient vingt ans; c'est un hommage touchant rendu au passé, & un regret de plus donné à la jeunesse.

L'amateur actif prend une part directe aux productions de l'art; il compose, ou bien il chante ou joue d'un instrument. C'est en effet un très-vif bonheur que celui de concourir par soi-même à faire ressortir les éloquentes beautés créées par le génie d'un Mozart, d'un Beethoven, d'un Rossini.

Ajoutons que les musiciens amateurs sont généralement d'aimables & honnêtes gens: Grétry dit quelque part qu'il y a toujours du bien à penser de ceux qui aiment les enfants, les fleurs & la musique.

D'autres amateurs, enfin, ont occupé une place importante dans l'histoire de l'art: ce sont les écrivains qui, servant d'organe à l'opinion publique en la dirigeant presque toujours, prennent parti dans les luttes que soulèvent quelquefois certaines questions d'art.

Nous l'avons dit, il existe naturellement un puissant mobile de sympathie entre les amateurs & les artistes; une sorte de parenté les unit, & si les œuvres de l'artiste excitent l'admiration de l'amateur, il en résulte une émulation salutaire qui vivifie le talent de celui-là; enfin l'amateur s'identifie avec ceux dont il est l'admirateur & proclame leur mérite dans les cercles des gens du monde. Grâce à son initiative éclairée, le public est ainsi préparé à mieux apprécier les chefs-d'œuvre de l'art.

XV

CONCLUSION

CONCLUSION

Nous ne pensons pas devoir étendre davantage ces observations d'artiste. Des écrivains d'un mérite supérieur ont publié récemment d'excellents ouvrages sur les principes fondamentaux des beautés de l'art. Nous applaudissons à leurs nobles efforts, & nous souhaitons vivement que les jeunes artistes se pénètrent des enseignements dont ces ouvrages abondent. La clarté des démonstrations, l'intérêt donné aux développements du sujet, l'élégance du style, offrent par un heureux concours une lecture attrayante autant qu'instructive. Les beautés de l'art & son but élevé, également compris par les artistes & le public, établissent ainsi entre eux cet harmonieux équilibre, éminemment favorable aux progrès des Beaux-Arts.

D'accord avec les préceptes ainsi préconisés, les artistes fidèles à la mission d'élever les cœurs en charmant l'esprit sont dignes des hautes sympathies que la société éclairée doit alors justement leur accorder.

Parmi les auteurs qui, par leurs écrits sur les Beaux-Arts, méritent les éloges des gens du monde & des artistes, citons : l'ouvrage de M. Ch. Lévêque[1], intitulé : *La Science du beau* (ouvrage couronné par l'Institut, 1861) ; par MM. Ménard : *Tableau historique des Beaux-Arts* (couronné par l'Institut, 1865) ; par M. Sutter : *l'Esthétique générale ;* par M. le vicomte Henri Delaborde : *Des Opinions de*

---

[1]. M. Ch. Lévêque, membre de l'Académie des sciences morales & politiques.

*M. Taine, Études sur les Beaux-Arts &
Mélanges sur l'art contemporain, Sur l'art
italien;* par M. le docteur Duchenne (de Boulogne) : *la Physiologie appliquée aux arts
plastiques,* livre qui révèle à l'attentive observation de l'artiste les secrets mécanismes des
phénomènes multiples, expression des sentiments de l'âme.

Nous ne terminerons pas ce recueil d'observations sur les Beaux-Arts, sans rappeler
de belles paroles que nous extrayons du livre
du moine Théophile, intitulé : *Essai sur divers
arts.* — Nous y lisons : « Notre premier père
perdit pour une faute de désobéissance le privilége de son immortalité; mais il transmit à
sa postérité la prérogative de la science & de
l'intelligence, à tel point que quiconque y
joindra des soins & de l'application peut acquérir comme par un droit héréditaire les
capacités de toute espèce d'art ou de talent. »

Plus loin, cet autre passage :

« L'étude & la méditation découlent des sept
dons de l'Esprit-Saint : par le don de la force

tu secoues l'engourdissement de nonchalance, & sans rien entreprendre avec des essais paresseux, tu mènes vigoureusement toutes choses à exécution ; par le don de science ton génie déborde & domine, tu en répands sur le public les trésors & les perfections. L'art émane de Dieu même ; &, en se livrant à un labeur assidu & fructueux, l'homme accomplit une tâche divine. Que celui qui aura reçu ce noble héritage ne s'en glorifie pas en lui même ; qu'il n'enveloppe pas ce bienfait d'un silence jaloux ; mais qu'écartant toute jactance il en fasse part aux disciples avec une gracieuse simplicité ; qu'il craigne le jugement porté par l'Évangile contre cet intendant qui, n'ayant pas fait en sorte de rendre avec intérêt la somme à lui confiée, fut privé de tout bénéfice & flétri par la bouche du maître.

« Ainsi, mon fils bien-aimé, n'hésite pas, crois fermement que l'Esprit de Dieu a rempli ton cœur quand tu as orné son sanctuaire de tant d'embellissements & de riches travaux. »

C'est avec ce langage élevé, avec cet

enthousiasme, que s'exprime ce vénérable artiste, le moine Théophile, qui vivait au XIIIe siècle.

Nous devons le tribut de notre admiration au souvenir du grand homme qui, dès long-temps, avait ainsi mis en lumière les diverses connaissances qui développent & perfectionnent les Beaux-Arts, cette éloquente manifestation des élans de l'âme.

FIN

TABLE

TABLE

PARIS. — J. CLAYE, IMPRIMEUR, RUE SAINT-BENOIT, 7.